我为车狂系列

# 汽车里的中国故事

北京伊初文化 编著

中国人记录自己汽车历史与文化的时机到了。《汽车里的中国故事》按照"中国汽车从无到有""中国汽车的合资时代""中国自主汽车品牌崛起""中国汽车开启新篇章"四个时间阶段，由具有重要历史意义与丰富大众记忆元素的经典车型展开，用生动的语言和写实的图画，记录了中国汽车人与中国汽车企业的奋斗和成长故事。

每个中国人对汽车的时代记忆，汇聚成了汽车里的中国故事。本书既可作为普罗大众和汽车爱好者了解和品味中国汽车历史与文化的科普读物，也可作为中小学、中高职和高等院校开展课程育人工作的参考读物。

## 图书在版编目（CIP）数据

汽车里的中国故事 / 北京伊初文化编著. — 北京：机械工业出版社，2024.3（2024.9 重印）
（我为车狂系列）
ISBN 978-7-111-75172-4

Ⅰ. ①汽⋯ Ⅱ. ①北⋯ Ⅲ. ①汽车工业 – 工业史 – 中国 ②汽车 – 文化 – 中国
Ⅳ. ① F426.471 ② U46–05

中国国家版本馆 CIP 数据核字（2024）第 016531 号

机械工业出版社（北京市百万庄大街 22 号　邮政编码 100037）
策划编辑：孟　阳　　　　　责任编辑：孟　阳
责任校对：贾海霞　牟丽英　责任印制：张　博
北京利丰雅高长城印刷有限公司印刷
2024 年 9 月第 1 版第 3 次印刷
169mm×239mm・15 印张・1 插页・311 千字
标准书号：ISBN 978-7-111-75172-4
定价：99.90 元

电话服务　　　　　　　　　　网络服务
客服电话：010-88361066　　　机　工　官　网：www.cmpbook.com
　　　　　010-88379833　　　机　工　官　博：weibo.com/cmp1952
　　　　　010-68326294　　　金　　书　　网：www.golden-book.com
**封底无防伪标均为盗版**　　　机工教育服务网：www.cmpedu.com

# 前言

中国人记录自己汽车历史与文化的时机到了。

十几年前,我曾担任《Car座驾》杂志的主编,其间编译、编写了几十本汽车品牌类图书。如今看来,那段时间的我,很像一个历史和文化的搬运工,将一百多年来的汽车世界的每一个剖面尽力展现给中国的年轻人。

白建安编写了《大画著名汽车标志》、陈新亚编写了《汽车为什么会"跑"》,我编写了《F1速查手册》《概念车的梦幻:世界100款经典概念车鉴赏》……这些图书曾是一代中国人了解汽车、走进汽车文化世界的窗口,也代表了中国汽车内容市场发展的第一波浪潮。然而,由于那时汽车还没有普遍走进中国家庭,因此汽车文化对大多数中国人而言,不过是能认出街上跑的汽车是什么品牌、能通过涂装认出一台赛车属于哪家车队。

中国汽车内容市场发展的第二波浪潮,是汽车品牌类图书的大规模问世。我曾参与翻译了 David Kiley 编写的《体验宝马》、Chester Dawson 编写的《雷克萨斯:专注完美,近乎苛求》,童轲炜等人曾翻译了 Saverio Villa 编写的《名车传奇法拉利》,陈哲然曾翻译了 Randy Leffingwell 编写的《保时捷:无可替代》,庞珅曾翻译了 Tony Lewin 编写的《宝

我和朋友们翻译的一些书

马：世纪脉动》……这些图书就像锄头，给一片荒芜的汽车文化土地松了土，同时也让全球汽车品牌在这里生根发芽。如今，中国已经成为大众、奥迪、奔驰、宝马、保时捷、法拉利、劳斯莱斯、宾利等品牌在全球范围内最大的单一市场。中国可能是除了这些品牌的诞生地之外，对他们的品牌文化最认同的国家。

不过，在引入海外汽车文化的过程中，我总会有一些别扭和遗憾，由此也产生了一些反思。

先说"别扭"的部分。在全球车迷眼中，大众的文化是GTI，奥迪的文化是Avant，丰田的文化是Corolla、AE86和Land Cruiser。但中国与这些品牌的情感连接却有着独特的部分，比如桑塔纳、捷达、奥迪100、夏利、皇冠……这些产品在中国有着无与伦比的历史地位。甚至可以说，是这些产品让中国人真正理解了什么是汽车。如果说一个产品的文化基因是由品牌和使用它的人共同创造的，那么，这些"舶来品"的文化基因中就应该有无可替代的"中国片段"，而"中国片段"显然是无法在海外汽车历史学家的故事中找到的。

接下来是"遗憾"的部分。我在翻译或编写国外汽车品牌故事的过程中发现，成熟的汽车生产国和整车企业，都拥有系统、完善的记录汽车文化的方法论，而我们中国太缺少这样的积淀了。十几年前，我拜访法拉利总部时，在公关负责人的引导下参观了他们的档案室，那里分门别类地存储着几十年来与法拉利品牌和产品相关的大量图纸原件、重要会议纪要原件和照片底片。

其他一些国外汽车品牌，比如MG（名爵）、MINI和Lotus（路特斯），在漫长的发展过程中，母公司不断更迭，甚至一度被雪藏。然而，它们的文化依然在车主俱乐部等民间组织中焕发着勃勃生机。这些品牌的车主有丰富多彩的活动，他们定期举办线下聚会；他们通过创办主题网站来交换、拍卖零配件和纪念品；他们不断挖掘和记录品牌故事，甚至自费出版图书……我收藏了几百本*MINI World*杂志。这是MINI车主自发创办的杂志，没有品牌方投放的广告，只靠售卖二手MINI和改装零件的"豆腐块"广告来维持运营。可他们居然能请到"MINI Cooper之父"John Cooper连续撰写了十多年的专栏！这让我深感震撼。在宝马决定复兴MINI品牌前的漫漫长夜里，这些车主的一腔热忱和无私奉献，让MINI始终是一个活着的品牌，这显然也给了宝马强大的信心去做出那个决定。

最后是"反思"。能赚钱的汽车，能投放大量广告的汽车，才配拥有文化吗？在对"汽车文化"的思考中，我逐渐发现，我们似乎遗漏或者说忽视了很多元素。我在担任《Car座驾》杂志主编时，到英国总部参观时惊奇地发现，他们竟然还有专门介绍军车、公共汽车、工程机械的杂志……我在易车网担任主编时，曾拜访日本的三荣书屋出版社，在与他们的编辑交流时，我意识到，汽车文化还可能存在于"推土机""救护车""消防车"等等更宽广的范畴里。

我与国际知名汽车设计师克里斯·班戈（左图）和奥山清行（右图）

  这些年，带着种种别扭、遗憾和反思，我一直在想，在什么时候、由谁，来把真正属于中国的汽车文化故事一点一滴地挖掘出来，再整理、记录下来。因为与文化相关的信息，如果不能及时记录和妥善保存，日后再溯源发掘就非常困难。2022年，我辞去了在一家互联网上市公司的首席市场官工作，想做一些自己喜欢的事。此后，我开始在中央美术学院给出行创新专业的学生讲课，而备课的过程中要做大量新车和经典车文化的发掘、整理工作。这让我萌生了一个想法，在当下、由我，来尝试做起中国汽车文化故事的记录工作，尽管能力所限，会有缺憾，会有争议，但至少迈出了第一步。

  我在讲课时，学生们经常会问我：某款车在汽车发展史上有什么地位和意义？某个品牌或产品系列在发展过程中有哪些进化与断代节点？背后又有怎样的动因？他们还希望我找到不同汽车产品同角度的照片，方便对比分析。

  学生们提出的这些问题与需求，最终构成了我们这本书的最大特点：信息量足够大、核心知识点突出、表达方式便于查阅与记忆。

  这本书分为四章，通过短篇故事和大量原创彩绘图，来记录不同时间节点和历史背景下具有重要意义和代表性的汽车产品，力求客观、清晰地呈现中国汽车产业从无到有、从弱到强的过程，在抽丝剥茧中讲述一段属于中国人的汽车文化故事。

  这是记录中国汽车文化的一次尝试，必然有值得商榷之处，希望读者朋友们能多提宝贵意见，让我们在日后不断完善。

北京伊初文化创始人

# 目录

前言

## 序幕

01　民生 75　　　　　　　　　　…010

## 第一章
## 中国汽车从无到有

02　解放 CA10　　　　　　　　　…020
03　红旗 CA72　　　　　　　　　…026
04　东风 EQ240　　　　　　　　…032
05　北京 BJ212　　　　　　　　　…038
06　黄河 JN150　　　　　　　　　…044
07　交通 JT660　　　　　　　　　…050

## 第二章
## 中国汽车的合资时代

08　北京吉普切诺基　　　　　　…062
09　上海大众桑塔纳　　　　　　…066
10　一汽-大众奥迪 100　　　　　…070
11　广州本田雅阁　　　　　　　…074
12　上海通用别克 GL8　　　　　…078
13　长安铃木奥拓　　　　　　　…082
14　上海通用别克赛欧　　　　　…086
15　北京现代伊兰特　　　　　　…090
16　东风本田 CR-V　　　　　　…094
17　上海大众朗逸　　　　　　　…098

## 第三章
## 中国自主汽车品牌崛起

| 18 | 奇瑞风云 | ... 108 |
| 19 | 奇瑞 QQ | ... 112 |
| 20 | 奇瑞 A3 | ... 116 |
| 21 | 观致 3 | ... 120 |
| 22 | 奇瑞瑞虎 7 | ... 124 |
| 23 | 吉利豪情 | ... 128 |
| 24 | 吉利远景 | ... 132 |
| 25 | 吉利博瑞 | ... 136 |
| 26 | 领克 03+ | ... 140 |
| 27 | 吉利银河 L7 | ... 144 |
| 28 | 比亚迪 F3 | ... 148 |
| 29 | 比亚迪 E6 | ... 152 |
| 30 | 比亚迪秦 | ... 156 |
| 31 | 比亚迪秦 PLUS | ... 160 |
| 32 | 比亚迪元 PLUS | ... 164 |
| 33 | 长安之星 | ... 168 |
| 34 | 长安奔奔 | ... 172 |
| 35 | 长安 CS75 | ... 176 |
| 36 | 长安 UNI-T | ... 180 |
| 37 | 深蓝 SL03 | ... 184 |
| 38 | 长城迪尔皮卡 | ... 188 |
| 39 | 长城哈弗 H6 | ... 192 |
| 40 | WEY VV7 | ... 196 |
| 41 | 坦克 300 | ... 200 |
| 42 | WEY 蓝山 | ... 204 |

## 第四章
## 中国汽车开启新篇章

| 43 | 蔚来 ES8 | ... 214 |
| 44 | 五菱宏光 MINI EV | ... 218 |
| 45 | 理想 L9 | ... 222 |
| 46 | 哪吒 GT | ... 226 |
| 47 | 仰望 U8 | ... 230 |

## 尾声

汽车里的中国故事

# 序幕
**Prelude**

中国汽车工业的原点在哪里？中国人制造的第一款汽车叫什么名字？这些问题在近些年，逐渐没有了争议。诞生于东北的民生 75 卡车，应该是书写中国汽车历史绕不开的里程碑。遗憾的是，起点之后便是一条散落的断线。

# 民生 75
# 1931

# 时代背景

赛珍珠创作的长篇小说《大地》发表。

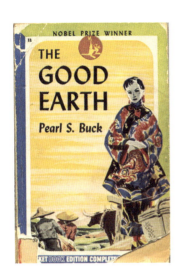

### 民生 75 卡车是在什么背景下诞生的？

1928 年，随着东北易帜，中国在形式上重归一统。作为东北重要军工企业的辽宁迫击炮厂，也从生产军用产品转向生产民用产品。1929 年，辽宁厂靠着 74 万元启动资金，开始探索中国人的造车路。在结束军阀混战、和平发展的大背景下，他们生产的第一款汽车以"民生"为名。

### 民生 75 卡车有什么特点？

1931 年 5 月，民生 75 卡车试制成功。由于当时中国的工业基础薄弱，这款卡车理性参考了 20 世纪初较为简单的国外汽车技术，载重量 2 吨，发动机输出功率 65 马力（1 马力约合 0.735 千瓦），车身造型很有时代特色。

### 民生 75 卡车的结局如何？

1931 这个年份注定难以从中国人的记忆中抹去。民生 75 在"中华全国道路协会建会 10 周年上海展览会"上亮相仅一周后，9 月 18 日，日本侵略者悍然发动了对东三省的侵略。已经成形的工厂和生产资料都被侵略者据为己有。尚在襁褓中的民生 75 就此夭折。

### 民生 75 卡车的传世照片居然张冠李戴？

根据研究中国汽车历史的网站 chinacarhistory.com 考证，目前大部分介绍民生 75 卡车的照片都是张冠李戴，那实际上是 1943 年由中国工程师组装的柴油卡车。

## 汽车的源头竟然在中国？
### 清朝，传教士为康熙皇帝造车

如果将汽车定义为用内燃机驱动、可以自动行驶的机器，那么汽车的发明者是卡尔·本茨几乎是没有争议的。而动力源如果不限制在内燃机的范畴，人类最早的汽车或许诞生在中国？这是近几年海外学者考证的结果，造车的人是传教士南怀仁。

据考证，1678 年，南怀仁为康熙皇帝制造了一台用蒸汽驱动的小车。车身用木材精雕细刻而成，车长 60 厘米，有 4 个车轮和 1 个导向轮。这台车的实物没有留存下来，但有同时代的手绘图片存世。

南怀仁为康熙皇帝制造的"汽车"

## 汽车是什么时候进入中国的？
### 慈禧太后是中国首批车主

根据近年来的考证，由匈牙利商人李恩时（Leinz）进口的两台奥兹莫比尔（Oldsmobile），是第一批驶上中国大地的真正意义上的汽车。1902 年，袁世凯又将一台美国图里亚牌（Duryea）敞篷汽车献给了慈禧，这台汽车至今仍然保存在颐和园里。

从这时开始，汽车逐渐遍布神州大地。随着公路的建设，中国的汽车客运、货运公司也开始出现。1927 年，中国境内的汽车保有量已经接近 2 万台，1937 年更是达到近 7 万台，短短 10 年增长了两倍多。

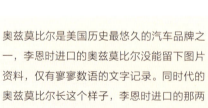

奥兹莫比尔是美国历史最悠久的汽车品牌之一，李恩时进口的奥兹莫比尔没能留下图片资料，仅有寥寥数语的文字记录。同时代的奥兹莫比尔长这个样子，李恩时进口的那两台车应该和它长得很像。

袁世凯献给慈禧的汽车,此前一直讹传为奔驰。实际上这台车来自美国品牌图里亚,不怪大家不认识,这个品牌1898年就解散了。目前这台车收藏在颐和园里,是这一型号存世的孤品。

## 中国最早组装的汽车长什么样?

### 20世纪20年代,上海就能造车

20世纪20年代,洋行云集的上海已经有成熟的汽车服务产业,也出现了中国最早的汽车车身制造厂。其中,以龙飞汽车马车行最为成功。车身制造厂本身并没有制造完整汽车的能力,而是在进口汽车底盘的基础上生产定制车身。

龙飞汽车马车行主要进口英国劳斯莱斯、美国斯图贝克等公司生产的底盘。美国斯图贝克汽车博物馆就收藏有一台龙飞汽车马车行组装的斯图贝克汽车。这些车身厂依赖于手工组装,还谈不上成体系的汽车工业,但他们为上海的汽车工业发展,培养了最早的一批技术工人。

## 解放前还造过什么汽车?

### 中国最早的合资汽车是奔驰

20世纪30年代,中国人制造汽车的努力不仅仅停留在东北。1932年,山西省成功造出一台"山西"牌2吨级货车。1933年,实业部中央工业试制所试制成功了一台三轮微型车。遗憾的是,这些车都没能批量生产。当时,中国大地上还有不少汽车发明家,零星制造过汽车。

1937年,在与德国合资成立了中国汽车制造公司后,中国成体系的汽车工业迎来了一次重要发展。这家公司通过进口德国奔驰汽车散件的方式,在株洲组装奔驰卡车。但随着"七七事变"的爆发,中国人的造车梦再一次破灭。

在株洲组装的奔驰卡车

汽车里的中国故事

第一章
# 中国汽车从无到有
## Chapter One

北京西北 200 公里，在地处桑干河畔的张家口，智能化的领克工厂内，一台台崭新的汽车缓缓驶下生产线。除了供应国内市场，它们还将通过中欧班列运往欧洲各地。这一幕，不过是当今中国庞大汽车工业的一个缩影。

鲜为人知的是，近 80 年前，正是在这座北方小城，燃起了中国汽车工业的星星之火。

1945 年 8 月 23 日，中国共产党领导下的八路军冀察主力部队一举解放华北军事重镇张家口。入城后，部队接收了众多日伪遗留产业，其中就包括一家汽车修理厂。随后，这家修理厂更名为"晋察冀军区汽车修理厂"，辗转石家庄，最终落户北京，发展成为北京汽车制造厂。

领克工厂（来源：张家口市人民政府官方网站）

## 汽车第一

抗美援朝战争爆发后，1950 年 11 月 5 日，周恩来总理在与苏联总顾问扎哈罗夫会谈时强调："现时汽车第一，坦克、大炮都可以放在汽车后面运。"当月 17 日，他又致电斯大林说："……我们从事后方运输的车辆不足，敌机给运输汽车造成了损失，而当地人力资源和物资也同样无法保障供给，粮食和冬季服装不能及时运到，部队正在忍饥挨饿……除了动员东北一切可以动员上前线的车辆，我们最多能从中国北方动员 200 辆汽车……"缺少汽车就缺少补给，而补给不足会直接影响部队的战斗力，甚至影响整个战局。

一个月前，中国人民志愿军跨过鸭绿江时，共装备汽车 1300 余台，但开战后仅一个星期就损失超过 200 台。

尽管苏联方面答应将远东部队的汽车提供给我们，但在联合国军的空中封锁下，这只是杯水车薪。开战不到三个月，人民志愿军共损失汽车 6646 台，损失率超过了 60%。

前线急需汽车，而后方无车可调。

中国人民志愿军运输部队官兵正在检查车辆(来源:新华社)

## 汽车保有量差距悬殊

1949年10月1日，当五星红旗在天安门广场冉冉升起时，建设一个伟大的工业国成为一代中国人的共同理想。一个伟大的工业国，离不开汽车：

- 大规模工业生产需要利用汽车将原材料由生产地运送到加工地，再将各加工厂生产的半成品运送到总装厂，最终将成品运送到不同销售地。
- 大规模工程建设需要利用汽车将建筑型材、砂石水泥等材料运送到工程现场，还需要利用很多由汽车改装而来的工程机械开展吊运、举升等施工作业。
- 人们的生活离不开汽车，物资的运输离不开汽车。无数汽车奔走在公路上，编织起交相往来的客运和货运网络。

然而，彼时全国上下的民用车保有量仅为5.09万台，而且大多缺乏维护、濒临报废。反观美国，同期的全国民用车保有量已经达到4469.02万台，是我国的近900倍。

面对巨大的需求缺口，在没有自主研发生产能力的情况下，我们只能依靠进口。1951—1957年，我国从苏联累计进口了5.5万台汽车，但远远不能满足国内的生产生活需求，还消耗了大量宝贵的外汇。

## 艰难曲折的造车探索

中国人接触汽车的时间并不晚。1886年11月2日，德国专利局正式批准卡尔·本茨递交的内燃机汽车专利。1902年，匈牙利商人李恩时就将两台汽车进口到中国。自此，作为现代工业文明象征的汽车，开始与我们紧密地联系在一起。

中国人制造汽车的时间并不晚。1931年，当民生75卡车驶下生产线时，中国的汽车工业已经萌芽。彼时，如果山河无恙、百业向荣，中国人或许将书写一段完全不同于今天的汽车工业史。遗憾的是，历史没有如果，日本侵略者无情地踏灭了这汽车工业的星星之火。

解放战争时期，国民政府的买办思想和混乱施策让汽车工业继续在黑暗中前行。天津汽车人曾利用日伪遗留的汽车工厂成功试制出三轮汽车，但仅仅生产了60台后，就因得不到国民政府支持而无奈放弃。

新中国成立后，中国汽车人的手里，只有零星散布在全国各地的、像晋察冀军区汽车修理厂一样的众多修配厂。这些工厂大多破败不堪，只具备生产部分汽车零配件的能力。而现代化的汽车生产体系，需要数以千计的配套工厂和数以万计的技术工人。

中国汽车人从没有放弃努力，更不会丧失希望。在天津汽车制配厂，工人师傅们硬是靠自己的双手，敲敲打打地造出了新中国的第一台越野车。

## 我们也要有这样的汽车厂

面对薄弱的工业基础和紧迫的现实需求，新中国第一代领导集体做出了一项重大决策：引进苏联的成熟技术和设备，建设中国人自己的汽车制造厂。1950年，毛泽东主席访问苏联期间，在参观斯大林汽车厂时说："我们也要有这样的汽车厂。"同年，中苏双方商定，由苏联援助我国建设第一座载货汽车厂。

1953年7月15日，在吉林省长春市西南郊，"第一汽车制造厂"奠基仪式隆重举行。随后的三年时间里，一座规模庞大的汽车制造厂拔地而起：厂区占地150公顷，建筑物总面积38万平方米，安装设备7552台，敷设电气管线近2万米。

1956年7月13日，随着第一台解放卡车驶下生产线，中国的汽车工业翻开了崭新的篇章。

## 奏响奋进凯歌

改革开放前，我国的汽车工业发展经历了两次高潮：

- 第一次高潮：第一个五年计划期间，除第一汽车制造厂建成投产外，散落在全国各地的汽车修配厂纷纷开始向汽车零配件制造厂、整车制造厂转型。上海汽车制造厂、北京汽车制造厂、广州汽车制造厂、南京汽车制造厂等相继成立。
- 第二次高潮："三线建设"期间，除独立自主建成第二汽车制造厂外，在中央统一部署下，大量汽车生产图纸、工厂建设图纸发往地方，全国共建成150余家汽车生产企业。

这一时期，从解放卡车到红旗轿车，从黄河重卡到东风军卡，我国的汽车工业逐步实现了各级别、各类型汽车"零"的突破……

建成之初的第一汽车制造厂

# 02

新中国成立伊始,自主汽车工业仍是一片空白。直到1956年,随着一台台崭新的解放CA10卡车驶下生产线,我们才真正拥有了自己的汽车工业。解放CA10作为"新中国第一车",是中国自主汽车工业从无到有的象征。

## 解放 CA10
## 1956

## 时代背景

**2月1日**
我国第一批230个简化汉字由《人民日报》公布。

**4月23日**
我国第一型国产喷气式歼击机试制成功。

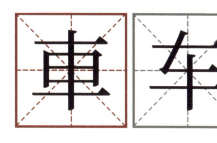

### 解放CA10的原型车是谁？

CA10的原型车是苏联斯大林汽车厂生产的吉斯（ZIS）150中型卡车。吉斯150是苏联在第二次世界大战后研制的第一代通用卡车。在苏联，吉斯150一共生产了77万台。

### 解放CA10是一款怎样的车？

以当时的分类标准来看，CA10是一款中型卡车，它的标准载重量为4吨，发动机最大输出功率仅有90马力（约66千瓦），百公里油耗达到29升。

### 1953版壹分纸币上印的是解放CA10吗？

不是！1953年，第一汽车制造厂（今天第一汽车集团有限公司的前身）才刚刚开始建设。1953版壹分纸币上的卡车，可能是CA10的原型车吉斯150，也可能是民国时期进口的万国卡车。

### 雷锋同志驾驶的是解放CA10吗？

在广泛流传的有关雷锋同志的照片中，确实有一张是他在精心擦拭一台解放CA10。但实际上，他日常驾驶的是嘎斯（GAZ）51卡车。那张与CA10的合影，更多是为了展示当时人民解放军的崭新面貌。

## 为什么选择在长春建设一汽?
### 曾经比东京还繁华的东北亚第一都市

当时,我国能满足大规模汽车工厂建设条件的城市并不多,两个主要备选城市中,首都北京的钢材产能有限,而西北中心城市西安的发电量无法满足需求。其他备选城市还包括石家庄、太原、宝鸡、湘潭和株洲等。

工业基础相对雄厚的东北地区,就成了更合适的选择。结合自然条件、道路条件、工业资源,最终选址长春。1953年,第一汽车制造厂建设工程正式启动。两年间,长春市为建设一汽提供了大量支援,最多时,将80%的市政资金都投入到了厂区建设中。

### CA30

中国越野汽车的"鼻祖",技术上参考了苏联吉尔(ZIL)157系列越野卡车。之所以要参考吉尔157,是因为它有50%的零部件可以与CA10共用。CA30一直生产到1985年,累计产量达到8.5万台。

## "解放"这个名字是怎么来的?
### 车标源自毛主席题字

关于"解放"这个名字的由来,有两种说法。第一种说法是第一机械工业部在1953年下半年组织了征名活动,毛泽东主席从中选择了"解放"一词。第二种说法是朱德元帅曾说:"我们的部队叫解放军,汽车也叫解放吧。"刻在CA10车头上的"解放"二字,来自毛主席题写的《解放日报》报头。

新中国成立初期的自主汽车品牌/车系命名具有浓厚的时代感,比如东风、红旗、跃进、井冈山、东方红……

**解放领途**

如今的解放不仅仅生产"大卡车",产品线已经覆盖到轻卡、客车等领域。领途是解放品牌目前销路最好的轻卡。尽管属于轻卡,但领途的载重能力已经不输昔日的 CA10。

## "老解放"经过了怎样的发展?

### 关键型号
### CA30、CA10 改、CA15

解放 CA10 诞生后不久,基于当时道路基础设施薄弱的国情,一汽在参考吉尔 157 越野卡车、融合 CA10 成熟技术的基础上,开发出 CA30 越野卡车,它采用三轴布局,广泛应用于军工和工程建设领域。

CA10 先后有过 CA10B、CA10C 两个重要改型。前者提升了动力性能,后者则利用 20 世纪 80 年代引进的技术,对车身结构、发动机等都进行了改进。1983 年,一汽推出了 CA10 的最后一个改型 CA15。如今,"老解放"仍作为特种车辆底盘活跃于各个行业,较常见的是解放底盘吊车和消防车。

## 解放品牌如今发展得怎么样?

### 中国商用车龙头品牌

从 1953 年到 2023 年,一汽已经走过了 70 年的辉煌发展路。伴随一汽诞生的解放品牌,也成为覆盖轻型、中型、重型卡车与客车市场的综合性商用车巨头。2022 年,一汽解放实现整车销售 17 万台。中、重卡销量持续保持行业第一,牵引车销量连续十七年行业领先。

目前,一汽解放的主要产品有 J7 系列重卡、领途系列轻卡等。一汽集团旗下以解放为主力的商用车,2022 年出口 2.2 万台,在 11 个国家建有 14 个海外 KD 工厂(KD 是 knockdown 的缩写,指汽车散件),设有 31 个办事处。旗舰车型 J7 自推出以来,已经在海外收获百万订单。

| 中国重卡 TOP5 | | | | |
|---|---|---|---|---|
| 重汽 | 东风 | 解放 | 陕汽 | 福田 |

| 中国轻卡 TOP5 | | | | |
|---|---|---|---|---|
| 福田 | 东风 | 长安 | 江淮 | 江铃 |

# 工业强国的血脉
## 解放卡车有几代？

从 1956 年第一代解放卡车诞生到今天，解放的产品已经历经 6 次进化。这些解放产品一直活跃于生产运输一线，构成了一个伟大工业国的流动血脉。

### "老解放"生产了多少台？
#### 1956 第一代 CA10 "老解放"

第一代解放的生产周期长达 30 年，从最早的 CA10 到最终改型 CA15，一共有 186 万台驶下生产线。"老解放"的量产，也为国内其他品牌/车型的发展提供了条件，尤其是客车，曾长期依托于"老解放"的底盘制造。

### 第二代解放卡车长什么样？
#### 1983 第二代 CA141 "长头解放"

1983 年 9 月，一汽生产的第二代解放卡车 CA141 下线。CA141 载重量为 5 吨，各方面性能相较第一代产品都有提升，曾广泛出口到第三世界国家。

### 改革开放让解放卡车有了什么变化？
#### 1995 第三代 CA150 "平头柴"

1995 年，解放推出第三代产品，完成了解放卡车的两大转型，一个是驾驶室造型从"长头"变为"平头"，另一个是发动机从汽油机变为柴油机。第三代产品引入了诸多日本汽车企业技术，平台架构来自三菱扶桑 FK 系列卡车，这让解放赶上了世界卡车的技术潮流。

### 解放从什么时候开始生产重卡？
#### 1997 第四代 CA1170 "西北王"

1997 年，一汽推出了第四代解放卡车。第四代解放的驾驶室造型与第三代相似，但实现了重型化。它的载重量从第三代的 5 吨提升到 9 吨以上。第四代解放卡车还包括西北王、工程王等针对特殊市场的定制化车型。

## 解放最新的产品有多先进？
### 2018 第七代 解放 J7

2018 年 4 月 18 日，第七代解放——J7 下线。J7 是在 J6 推出 10 年后的一次全面更新。不仅在驾驶室设计、动力配置上赶上了世界商用车发展潮流，还创新引入了一系列智能化技术。至今，J7 仍然堪称国产商用车领域的领跑者。

## 解放的"21 世纪旗舰"是谁？
### 2007 第六代 解放 J6

2007 年 7 月，一汽推出了第六代解放——J6。其实早在开发第五代产品时，一汽就启动了第六代产品的研发工作。J6 的定位高于奥威，属于旗舰重卡，无论设计还是配置，在当年的中国商用车市场都十分突出，可谓一款现象级产品。

## 解放从什么时候开始自主研发？
### 2004 第五代 解放奥威

2004 年 7 月，一汽自主研发的第五代解放——奥威下线。这款真正的重卡，具有国内领先且不输海外先进产品的性能。在奥威的基础上，一汽又推出了众多"威"字系列载重汽车。然而，摆脱日本企业技术的奥威，市场表现并不出色。

# 03

1959 年 10 月 1 日，新中国喜迎 10 周年华诞。在群众游行队伍中，6 台崭新的轿车接受了党和人民的检阅。这 6 台轿车，正是中国人自己制造的红旗轿车。中国汽车工业的历史，在红旗飘扬的日子里翻开了新的篇章。

## 红旗 CA72
## 1959

# 时代背景

**4月5日**

容国团荣获第25届世界乒乓球锦标赛男子单打冠军,成为新中国第一位世界冠军获得者。

**9月24日**

人民大会堂建设工程全面竣工。

### 红旗 CA72 的研发参考了哪些车型?

一汽在研发 CA72 的过程中参考了克莱斯勒帝国、凯迪拉克弗里德伍德、林肯大陆等美式豪华轿车,但在内外饰设计上,更多运用了中国元素。

### 红旗 CA72 是一款怎样的车?

按照通行的汽车分级标准,CA72 是一款大型豪华轿车,它的轴距有 3400 毫米长,与如今的劳斯莱斯幻影相当。

### "红旗"这个名字是怎么来的?

1958 年 8 月 1 日,一汽成功试制出新型高级轿车,时任吉林省委书记吴德根据中央"高举总路线、大跃进、人民公社三面红旗开展社会主义建设"的号召,给新轿车起了一个响亮的名字——红旗。作为品牌标识的"红旗"两个字,则取自毛泽东主席题写的《红旗》杂志刊头。

### 红旗 CA72 参加过哪次国际车展?

1960 年,CA72 参加了瑞士日内瓦车展,这是中国国产汽车首次在国际汽车展会上亮相。当时,展会组织方还特意为红旗打造了一个颇具时代感的展台,CA72 也因此被收录在当年的《世界汽车年鉴》中。

# 在红旗之前，
# 新中国生产过哪些轿车？
## 从小型车到豪华车，百花齐放

红旗是中国轿车工业的起点，但实际上中国汽车人打造的第一款轿车是东风CA71。这款车是在国外成熟车型的基础上改制而来的，中国汽车人当时还没有完整掌握轿车的研发技术。

除了一汽生产的红旗轿车外，同一时期，全国各大汽车厂还踊跃试制了很多轿车产品，例如北京汽车制造厂的井冈山牌小型轿车、天津汽车制造厂的和平牌豪华轿车等。不过，国家根据经济建设的客观情况，最终只批量生产了红旗轿车。

和平牌豪华轿车

井冈山牌小型轿车

# "大红旗"经历了
# 怎样的发展历程？
## 经典国车 CA770

CA72量产后，一汽又开始紧锣密鼓地推进改进工作。1965年，第二代红旗——CA770正式定型。CA770的造型完全摆脱了模仿的痕迹，是我们记忆中最熟悉的"大红旗"。由于广泛用于外事活动，CA770将"国车"二字深深烙印在红旗品牌的基因中。

然而，受限于薄弱的工业基础，以及一些客观因素，"大红旗"的后续改进工作迟迟没有进展。进入20世纪80年代，CA770相较于进口车型，无论在舒适性还是在能耗方面都已经大幅落后。1981年，国家在统筹考量后停产了CA770，红旗品牌也被暂时雪藏。

### 东风 CA71

CA71是新中国制造的第一款轿车，"东风"这个名字取自毛主席的著名论断"东风压倒西风"。它的内外饰设计参考了法国的SIMCA Vedette。CA71一共生产了30台，受限于国内当时的生产工艺和设备，每一台都是纯手工打造的。

## 红旗在改革开放后发生了什么变化?

### 代表车型:小红旗

1984年,因国庆35周年庆典活动需要,CA770轿车短暂复产。20世纪80年代,一汽始终没有放弃CA770后续车型的开发工作,但都由于种种原因没能量产;进入90年代,基于奥迪100车型开发的"小红旗"横空出世,才正式宣告红旗品牌的重生。

在合资品牌主导的时代,红旗广泛吸收国外先进技术,展开了多种多样的尝试,比如引进日产发动机打造了红旗世纪星,利用林肯技术打造了红旗旗舰,利用丰田技术打造了红旗HQ3。尽管这些车型都存在一些争议,但它们为日后红旗品牌的复兴奠定了坚实的基础。

| 如今的红旗产品序列 | | |
|---|---|---|
| L | 旗舰车型 | 以L5为代表的顶级豪华车 |
| H | 主流车型 | 以H系列轿车、HS系列SUV为代表的大众车型 |
| S | 运动车型 | 以S9为代表的跑车、超级跑车 |
| Q | 商务车型 | 以中型客车、网约车为主 |

### 红旗 CA770

这是我们对"大红旗"最深刻的印象,是最经典的红旗轿车。CA770的车长接近6米,放在今天也是一台庞然大物。它最大的特点是有三排座位,其中第二排座位采用可折叠设计,专供国家领导人和外国贵宾的随行人员乘坐。

## 红旗品牌如今发展得怎么样?

### 走向复兴,走向大众

2009年,一台全新的红旗检阅车亮相国庆60周年庆典,宣告了红旗品牌开始通过自主创新走向复兴。2013年,H7车型上市,红旗正式回归豪华车市场。2014年,售价高达600万元的L5车型上市,使红旗跻身超豪华品牌之列。

在向上发展的同时,红旗也在走向大众。2018年,红旗发布全新战略,公布了L、S、H、Q产品序列,H9、H5、HS5、HS7等面向大众消费者的车型先后上市。随后,红旗的销量节节攀升。如今,红旗既是代表大国尊严的国车品牌,也是满足大众需求的人民品牌。

# 走向大众的国车
## 今日红旗，有哪些经典车型？

### 国庆 60 周年庆典上的检阅车是哪款红旗？
### 2009 CA7600J

CA7600J 是为国庆 60 周年庆典定制的超豪华检阅车，搭载一汽自主研发的 V12 发动机。它确立了日后的红旗 L 系列超豪华轿车的造型设计基调，但由于采用了非承载式车身平台，在技术上与后者并没有传承关系。

### 红旗的旗舰产品是谁？
### 2014 L5

L5 是对标劳斯莱斯幻影、宾利慕尚的大型轿车，目前仍是红旗在售产品中的旗舰，自发布以来就备受国内各界成功人士的青睐。L5 还作为国车代表，广泛运用于外交场合，是新时代中国外交的门面担当之一。

## 国车红旗

## 行政典范

### 代表红旗复兴的车型是谁？
### 2013 H7

H7 是红旗恢复市售后推出的首款车型，定位对标于奥迪 A6、丰田皇冠等行政级轿车，凭借大气外观成为国家机关的公务用车。作为这一级别少有的中国品牌豪华车，H7 在市场上也颇受欢迎，奠定了红旗复兴后的高端基调。

### 首款采用红旗全新设计语言的车型是谁?
**2020 H9**

红旗发布全新品牌战略后,首款采用全新设计语言的车型是 H9。它定位于中大型行政级轿车,作为 H 系列中的旗舰,远销中东等豪华汽车品牌传统市场。

### 红旗的首款 SUV 是谁?
**2019 HS5**

HS5 定位于紧凑型 SUV,是红旗打入大众市场的先锋。凭借不逊于合资品牌车型的设计和工艺,它曾连续月销破万台。HS5 也是首款提供终身质保服务的自主品牌车型,在消费者中有着不错的口碑。

## 走向大众

## 驶向未来

### 未来的红旗车长什么样?
**2023 E001 概念车**

2023 年 1 月,红旗发布了全新的新能源战略。同期亮相的 E001 概念车展现出红旗的全新设计理念,它基于红旗自主研发的 FMEs "旗帜"超级架构打造,代表了红旗走向未来的新形态。

### 哪款红旗车出口到了欧洲?
**2020 E-HS9**

E-HS9 是红旗的大型纯电旗舰 SUV,常年稳居自主品牌高端豪华 SUV 销量榜前列,作为红旗走出国门的先锋车型出口到挪威等欧洲国家,在当地市场已经占有一席之地。此外,它还成为全球最"豪"警队——迪拜警队的警务用车。

# 04

东风 EQ240 是我国第一款完全自主研发并批量生产的载货汽车。1979 年的对越自卫反击战中，一队队崭新的 EQ240 载着人民子弟兵奔赴前线。到战事结束时，没有一台 EQ240 因为质量问题出现事故，它因此被誉为"功臣车""英雄车"。

## 东风 EQ240
## 1975

# 时代背景

**7月5日**
我国第一条电气化铁路——宝成铁路建成通车。

**11月26日**
我国成功发射了第一颗返回式遥感卫星"尖兵一号"。

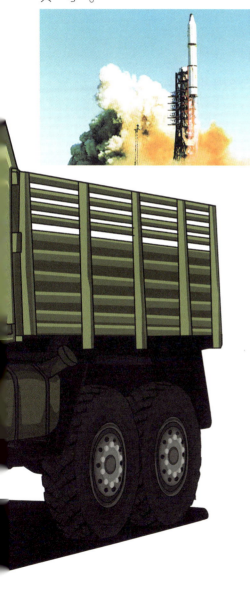

### 东风 EQ240 有参考原型吗？

不同于我国汽车工业起步期的其他产品，EQ240 是一款完全由中国汽车人独立自主设计开发的车型。不过从技术渊源的角度来看，它实际上是在解放 CA30 越野卡车的基础上发展而成的。

### 东风 EQ240 是一款怎样的车？

EQ240 是按照军用车辆体系规划开发的 2.5 吨级越野卡车，这个"2.5 吨级"指的是载重量。它采用三轴六轮驱动形式，配装单片干式离合器分动装置。

### EQ240 车首的"东风"两个字是怎么来的？

1975 年 11 月，二汽确定以"东风"作为产品品牌。EQ240 车首的"东风"两个字都选用了毛体字，其中"东"是简体字，"风"是繁体字，寄托了对毛泽东主席的敬意。

### 东风 EQ240 的生命周期有多长？

EQ240 经历过多次改进升级，如今已经发展成为 EQ2082 系列。尽管它已经退出人民解放军的装备序列，但至今仍在生产中，主要销往我国西北地区并出口海外。

## 二汽的起步有多艰难？
### 承担备战重任

早在 1952 年，一汽的建设工程还在准备中时，毛主席就作出建设第二汽车制造厂的指示。但直到 1967 年，二汽的建设工程才提上日程，并在两年后正式开工。当时的国际形势波诡云谲，在全民备战的氛围中，二汽肩负起自主开发军用越野车的重任。

二汽选址于湖北十堰，那里当时还是一个崇山峻岭环抱的小镇。第一批二汽人在"点马灯，睡草席"的艰苦环境中，一步步建起工厂，克服重重困难，完成了 EQ240 的研制工作。

### 由二汽到东风

1979 年，二汽注册"东风"二字作为自己的商标。随着 EQ140 等民用卡车在市场上取得成功，东风品牌打出了名号，在汽车行业率先被认定为"中国驰名商标"。1992 年，二汽正式更名为东风汽车公司。

改革开放前我国主要汽车企业创建时间

## EQ240 之后，二汽又生产了什么车型？
### 接受一汽援助，生产 EQ140

EQ240 为国防事业立下了汗马功劳，但性能出色的它制造成本也较高，依赖于国家订单。1978 年，二汽陷入亏损状态。此时，一汽伸出援手，无偿转让了 CA140 车型的全部生产资料，二汽的经典民用产品——EQ140 由此诞生，二汽自身也成功转型，正式投身民用车市场。

EQ140 及其改进型 EQ1092 也曾作为通用载具在人民军队中服役。无论在边防还是救灾一线，你总能看到"长鼻子"东风卡车的身影。EQ 系列的高光时刻，莫过于 1997 年 7 月 1 日，载着首批驻港部队官兵进驻香港。

### EQ153

EQ153 是东风生产的第二代民用卡车,它采用了日本日产柴公司的技术平台和驾驶室,搭载美国康明斯公司生产的机械增压柴油机。它有一个改进型的主打车身色是紫色,因此有个好听的别名叫"紫罗兰"。

## 改革开放后,二汽发展得怎么样?

### 代表车型:EQ153、第二代军卡

20 世纪 80 年代,我国自主研制的载货车从造型上开始由"长头"向"平头"演变。1983 年,二汽组织考察团到美国、日本等国进行技术考察,最终决定从日本引进日产柴的驾驶室、车桥和车架,从美国引进康明斯的柴油机。1990 年,8 吨级平头柴油卡车东风 EQ153(俗称"八平柴")下线,东风产品线进入了新世代。

与此同时,二汽也开展了新一代军用卡车的研发工作。1997 年,结合 EQ153 系列技术经验的 EQ2102 型军用卡车设计定型,除用于辎重运输和火炮牵引外,还发展出十余种特种车,服务于通信和防化部队。

| 历次国庆大阅兵中的东风参阅车数量 | | |
|---|---|---|
| 1984 | 新中国成立 35 周年 | 48 台 |
| 1999 | 新中国成立 50 周年 | 64 台 |
| 2009 | 新中国成立 60 周年 | 83 台 |
| 2019 | 新中国成立 70 周年 | 135 台 |

## 新时代,东风军车发展了几代?

### 代表车型:东风"猛士"

20 世纪 90 年代,海湾战争让我们清醒地认识到在武器装备技术上与发达国家的差距。在这一背景下,对标美军悍马车的第三代国产军车研发项目提上日程。在东风人的努力下,1.5 吨高机动性军用越野车——"猛士"于 2006 年设计定型,2007 年列装部队。很多人都认为"猛士"是模仿悍马的产品,实际上,它的研发工作绝大部分是中国汽车人自主完成的。

在第一代"猛士"的基础上,东风再接再厉,打造了第二代"猛士",它是我国深化国防与军队改革后轻装高机动部队的核心装备。2019 年,结合我军实际使用经验研发的第三代"猛士"亮相国庆 70 周年阅兵式,它标志着我国轻型装甲车辆的技术水平已经跻身世界前列。

# 献身国防的东风
## 二汽/东风生产了哪些经典军车？

二汽/东风为国防使命而生，至今仍然承担着军用载具开发的重任。历代军车献身国防，为人民筑起了钢铁长城。

## 第一代
### "长头军卡"

### 国庆阅兵明星车
**1983 EQ245 "大炮车"**

在 EQ240 基础上开发的 3.5 吨级 EQ245 军用越野卡车，车身尺寸更大，越野能力更强。它作为我军主力牵引载具，曾多次牵引火炮、导弹参加国庆阅兵。

### 谁载着"最可爱的人"进驻香港？
**1994 EQ1092 "大东风"**

1997 年 7 月 1 日，370 台东风 EQ1092F1A 载着首批驻港部队官兵驶入香港。EQ1092 作为 EQ140 的改进型，并不强调越野性能，主要活跃在后勤和抢险救灾战线上。

## 第二代
### "平头军卡"

### 第二代东风军卡扮演了什么角色？
**1997 EQ2102**

东风牵头开发的第二代通用运输平台 EQ2102，是我军在 21 世纪初期的主力车型。与民用版相比，它拥有更强的越野能力。如今，EQ2102 仍然在我军联勤保障部队中服役，它也曾多次参加国庆阅兵活动。

# 三代"猛士"

### 第一代"猛士"曾出口到哪些国家?
**2006 第一代"猛士"**

第一代"猛士"有 18 项性能指标领先美国悍马,衍生出救护车、货运车等众多型号,曾出口到孟加拉、白俄罗斯等国。

### 第二代"猛士"有什么改进?
**2009 第二代"猛士"**

第二代"猛士"相对第一代"猛士"大幅提高了装甲防护能力,拥有两轴标准型、两轴长轴型、三轴长轴型等多种型号。它目前仍然是我军轻型装甲部队的主力载具,还衍生出轻型自行火炮、自行火箭炮等多种武器平台。

### 第三代"猛士"有什么特点?
**2020 第三代"猛士"**

第二代"猛士"车身尺寸较小,扩展性受限,东风为此开发了第三代"猛士",它采用全新的技术平台,车身尺寸更大、性能更强。第一代"猛士"解决了有无问题,第二代"猛士"起到了承上启下的作用,第三代"猛士"则使我军的轻型装甲车达到世界先进水平。

### 民用版"猛士"你了解吗?
**2023 猛士 917**

在推出多款基于"猛士"开发的民用特种车底盘后,东风于 2023 年正式发布了拥有军工品质、全地形智能解决方案的新能源越野车——猛士 917,力图冲击民用越野车新高度。

# 05

中国汽车市场上"最长寿"的车型是谁？BJ212当仁不让，1965年诞生的它，至今仍在生产！尽管它的身世复杂，但这并不妨碍它成为中国越野车的代表。包括它在内的北京系列越野车，在服务国防的同时，也成就了一代代中国人的越野梦。

## 北京 BJ212
## 1965

# 时代背景

**6月12日**

我国第一例人造心脏瓣膜置换术成功实施。

**9月17日**

我国首次人工合成结晶牛胰岛素。

### BJ212 的原型车是谁?

BJ212 的设计博采众长,整体结构参考了苏联嘎斯(GAZ)69 系列越野车,车身、分动器、前桥等与后者一脉相承,动力系统则来自北京汽车制造厂研发的东方红系列轿车。

### BJ212 是一款怎样的车?

按照开发要求和使用定位,BJ212 属于 0.5 吨级军用越野车,最初主要作为部队高级干部的指挥车使用。后续发展为轻型通用平台,可搭载无后坐力炮等武器装备。

### 当年什么人才能坐 BJ212?

BJ212 量产初期,部队里要团级和团级以上级别的指挥员才能坐,而在地方上,也至少是县级干部才能坐。

### BJ212 是什么时候亮相的?

BJ212 的开发是绝密项目,直到 1966 年才作为毛泽东主席的检阅车在天安门广场正式亮相。

## 中国越野车的发展原点在哪里？
### 美苏技术结合的"吉普"

在国产越野车诞生前,人民军队使用的轻型越野车主要有两类,一类是解放前流入国内的大量美制越野车,另一类是从苏联引进的嘎斯 67、嘎斯 69 越野车。北京汽车制造厂承担轻型越野车研发任务后,首先参考威利斯 MB 和嘎斯 67 打造出了 BJ210 越野车。

但 BJ210 的车身尺寸过小,甚至没有车门,只在车身侧面设计了两个开口。试生产后,部队反映 BJ210 不能满足需求。根据部队意见,北汽改为参考嘎斯 69 研制尺寸更大的四门越野车,从而催生了 BJ212 系列越野车。后来,BJ210 的生产资料被转移到天津等地,为那些地区的汽车工业发展奠定了基础。

### 威利斯 MB

"不是每一种吉普都叫 Jeep",第二次世界大战时,美国大兵的主要标志物之一就是吉普车。这些吉普车大部分是威利斯的 MB 系列。美国在战争中支援给各盟国的吉普车,又成为许多国家自主生产越野车的起点,比如路虎、嘎斯等,在技术上都参考了美国吉普。

| | 如今的北汽集团品牌矩阵 | | |
|---|---|---|---|
| 自主品牌 | 北汽蓝谷 | 北京汽车 | 北京越野 |
| 合资品牌 | 北京奔驰 | 北京现代 | 福建奔驰 |
| 商用品牌 | 福田汽车 | 北汽重卡 | |

## 改革开放后,北汽发展得怎么样？
### 合资吉普,自主勇士

改革开放后,北汽与 Jeep 携手成立了我国首家汽车合资企业——北京吉普。通过引进消化 Jeep 技术,北汽对 BJ212 进行了一系列改进,先后利用 Jeep 牧马人的技术研发出 BJ2020 系列、角斗士等越野车。

2005 年,有多年生产、研发军用越野车经验的北汽,牵头启动了第二代 0.5 吨级军用越野车的研发项目,进而催生了"勇士"系列车型,它从 21 世纪初开始大规模列装部队,取代 BJ212 系列成为我军的主力轻型越野车。

**嘎斯 69**

它是 BJ212 的原型，是第二次世界大战后的苏联主力越野车，我国也曾大量引入。开发 BJ212 的目的之一就是取代它。苏联一共生产了超过 63 万台嘎斯 69。游戏《绝地求生》（PUBG）里的苏联吉普是它的改进型瓦兹（UAZ）469。

## 今天的北京越野车有哪些产品？

### 中国越野车第一品牌

2008 年北京国际车展，北汽发布了一款名为 B40 的硬派越野概念车。2013 年，这款概念车以 BJ40 为名正式投产，并与全新的北京越野品牌一同亮相。BJ40 凭借硬核越野实力和亲民价格，被誉为"中国牧马人"，在国内越野爱好者中有着良好的口碑。

如今，北京越野已经发展出 BJ30、BJ40、BJ60、BJ80、BJ90 等多个产品系列。这些车系的命名规则是奇数代表都市和舒适，偶数代表硬派越野。BJ80 系列更是取代"勇士"系列，发展成为新一代 0.5 吨级军用越野车。

## 番外：谁还在生产 BJ212？

### 北京汽车制造厂的故事

其实早在 20 年前，我们熟悉的北汽就停止了 BJ212 系列车型的生产工作。如今的 BJ212 出自一家名为"北京汽车制造厂"（简称北汽制造）的企业。这家企业确实与现在的北汽集团同根同源，但经过 2001 年到 2014 年的一系列重组改制，北汽制造已经被完全剥离出北汽集团，成为民营企业，工厂也迁出了北京。

2023 年，北汽制造推出了全新一代轻型越野车，并以"212"命名，采用全新车型平台，保留 BJ212 的经典外观元素，生产质量也随着新工厂的建成明显提升。

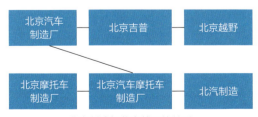

北汽制造与北京越野的关系

## 成就大众越野梦
### 北京越野车走过了怎样的发展路?

从 BJ212 到北京吉普,再到 BJ40,它们都是中国越野车爱好者心中的亲民之选。

## BJ212 的改进

### 车迷口中的"二蛋"是谁?
#### 1988 BJ2020

20 世纪 80 年代,BJ212 从单纯的军用产品转型为军民两用产品。基于 Jeep 切诺基的技术,北汽对 BJ212 系列进行了 100 多项升级,推出了 BJ2020 系列车型,它被车迷们亲切地称为"二蛋"。后续又发展出金属硬顶的"都市猎人"、换装新发动机的"狂潮"等改进型。

### 哪款 BJ212 是美国人设计的?
#### 1998 北京吉普陆迪

与美国 Jeep "羁绊"最深的 BJ212 改进型,莫过于陆迪,它由克莱斯勒设计中心的美国设计师菲利普·E.佩恩操刀设计,是 BJ212 系列在北汽手中最后的改进型,对车身钣金件进行了重新设计,采用了来自切诺基的 498 型 2.5 升排量直列四缸电喷发动机。

### 21 世纪的 BJ212 变成了什么样?
#### 2000 北汽制造战旗

战旗是北汽制造在 BJ212 基础上进行全面提升后推出的系列车型,造型、内饰、动力系统全方位更新,既传承了 BJ212 的良好通过性,又极大提高了品质和可靠性。21 世纪初,它凭借时尚的外形在越野圈子里流行一时。

## 今日北京越野

### 谁是"中国牧马人"？
**2013 BJ40**

除了常见的 4 门长轴车型，北汽在 BJ40 基础上还开发了两门短轴、两门皮卡等车型。至今，在喜爱硬核越野的消费者心中，BJ40 系列依旧拥有重要地位，它还曾荣获"中国汽车工业科学技术进步奖"一等奖。

### 北京越野如今的"王牌"是谁？
**2022 BJ60**

面向新时代消费者，北京越野洞察到了兼具"家庭使用"与"专业越野"属性的潜在市场需求。BJ60 在保留硬派越野能力的基础上，舒适性、豪华感全面提升，代表了新时代中国越野文化与城市文化的结合，是如今北京越野的"王牌"产品。

### 当下的国产主力军用轻型越野车是谁？
**2017 BJ80**

BJ80 是"勇士"的全面改进型，在完成累计 581 次、277 万公里的全区域、全天候、全路况可靠性试验后正式投产并成功列装部队。2017 年中国人民解放军建军 90 周年阅兵盛典上，BJ80 光荣地担当了检阅车。

## 今日 BJ212

### 今天的 BJ212 相比前辈有什么变化？
**2023 北汽制造 212 狙击手**

北汽制造开发的新一代轻型越野车以"212"命名，除了前脸造型外，已经与老 BJ212 没有任何关系。狙击手拥有 47 度的接近角与 35 度的离去角，搭载分时四驱系统、循环球转向机、2.4T 三菱 4K22 发动机和全地形轮胎等一系列硬核装备。

解放卡车的诞生,让一个工业国有了流动的血脉。而越来越多的建设工程,需要载重量更大的重型卡车。1960年,我国第一款重型卡车——黄河重卡在济南汽车制造厂试制成功。

# 黄河 JN150
# 1960

# 时代背景

**2月9日**

我国自主设计制造的试验型液体燃料探空火箭首次发射成功。

**5月25日**

中国登山队3名运动员首次从北坡登顶珠峰。

### 黄河 JN150 的设计参考了什么车？

当时,我国成规模进口的重型卡车只有斯柯达 706RT 一款,因此,JN150 的整车结构和主要部件都是以前者为基础开发而成的。

### 黄河 JN150 是一款怎样的车？

JN150 采用两轴四轮驱动形式,载重量 8 吨,整车重 14 吨。它搭载一台由船用柴油机改造而来的 12 升排量六缸柴油机,最大输出功率 160 马力(约 118 千瓦),最高行驶速度 60 公里/时。

### 为什么需要重型卡车？

当时我国的两款主力国产卡车在载重量指标上都明显不足:解放 CA10 的载重量是 4 吨,主要用于城际公路运输;南京跃进 NJ130 的载重量是 2.5 吨,主要用于城市运输。而大规模工程建设急需载重量更大的卡车,仅靠进口产品无法满足需求。

### 谁题写了"黄河"两个字？

1966 年 1 月,朱德元帅在济南视察 JN150 的生产工作时,亲笔题写了"黄河"两个字,这两个字随后作为车标沿用至今。

## 中国重卡工业从哪里起步？

### 济南人的造车故事

济南汽车制造厂的历史可以追溯到1930年，到了解放战争时期，这里曾是国民政府下属的405厂。1948年济南解放，人民政府接收工厂时，厂里只有六七台简单的修理设备。以王子开为首的中国第一代汽车人，在这样几乎一穷二白的情况下，一步步建起了济南汽车修配厂。

在举国造车的热潮下，1958年，济南汽车修配厂仅用17天时间，就以嘎斯69为原型仿制出JN220越野车。这是山东省制造的第一款汽车，济南汽车修配厂也自此转型为汽车制造厂。在打造黄河重卡前，济南汽车制造厂已经试制过不少载货汽车，如2.5吨级黄河卡车、仿制匈牙利却贝尔卡车的5吨级红旗卡车。

| 济南汽车制造厂历史沿革 | |
|---|---|
| 1935 年 | 建立山东汽车修理厂，只有汽车维修能力 |
| 1953 年 | 重建济南汽车修配厂，拥有汽车零配件生产能力 |
| 1958 年 | 更名济南汽车制造厂，拥有整车生产能力 |

## 研制重型卡车克服了哪些困难？

### 济南造重卡，国家居然不支持

济南汽车制造厂虽然有一定研发经验，但打造重卡的挑战依然不小。争取8吨级重卡研制任务时，国家有关部委曾明确表态"济南厂不具备条件，干不了"。不是国家不信任济南厂，而是他们当时确实没有制造重卡所需的机械设备和原材料。

济南厂的技术团队为了造重卡，不得不采用一系列土办法：没有生产大梁需要的大吨位锻压机，就用多台千斤顶敲打出大梁；没有生产驾驶室需要的千吨冲压机，就用小吨位冲压机反复压。就是在如此困难的条件下，黄河重卡最终在1960年试制成功，并于1963年成功通过国家验收，定型为JN150。

### JN252

它是我军20世纪最重要的重型通用载具，采用四轴八轮驱动形式。国庆35周年、50周年阅兵式上，都是由它牵引着洲际弹道导弹接受党和人民的检阅。
它的主要任务，就是牵引弹道导弹和大型工程装备。

### JN162

第二代黄河重卡的代表型号，载重量从 8 吨提升到 10 吨。它的原型车是来自罗马尼亚的 ROMAN 系列重卡，ROMAN 的技术则来自国际商用车巨头曼恩（MAN）。JN162 先后发展出 30 多种型号，是改革开放初期经济建设的中坚力量。

## 黄河重卡发展得怎么样？
### 代表车型：JN162

黄河 JN150 最初的产量并不高，到 1966 年只生产了 650 台。在国家相关部委的协调下，全国各地有一定经验的汽车制造厂纷纷开始利用黄河 JN150 的图纸生产自己的重卡，先后涌现出南阳 150、湖南 150、龙江 150 和江淮 150 等多种型号。

继黄河 JN150 之后，济南厂又开发了 JN252 重型军用卡车，参加了国庆 35 周年阅兵式。1983 年，10 吨级的 JN162 投产，它参考了罗马尼亚 ROMAN 系列重卡的设计，技术水平有了大幅提升。

## 改革开放后
## 济南厂有什么变化？
### 从仿制斯太尔，到国际重卡巨头

伴随着改革开放的步伐，济南厂作为中国重型卡车的龙头企业，又承担起引进西方先进技术的重任。1983 年，改组为中国重汽的济南厂引进了奥地利斯太尔重卡，再度成就一代经典车型。

进入 21 世纪后，通过引进、消化、吸收国外先进卡车技术，中国重汽已经成为国际一流的重卡研发生产企业，不仅先后推出豪沃、汕德卡等产品系列，还作为中国商用车的代表走出国门，逐步打入海外市场。

| 中国重汽历史沿革 | |
| --- | --- |
| 1983 年 | 成立重型汽车工业联营公司 |
| 1990 年 | 改制成立中国重汽集团 |
| 2001 年 | 划归省管，一分为三，建立新的中国重汽集团 |

# "基建狂魔"的脊梁
## 中国重汽走过了怎样的历程？

从黄河到斯太尔，再到汕德卡，中国重汽一路发展，撑起中国重卡的半边天。

**1983**
京秦铁路
建成通车

### 改革开放后引进的第一款重卡是谁？
**1983 斯太尔 91**

在国家领导人的关注下，中国重汽从奥地利商用车企业斯太尔引进了 91 系列重卡的生产线。91 系列的整体技术在当时处于国际主流水平。与斯太尔的合作，让中国重汽赶上了世界商用车发展的步伐。

**2002**
上海磁悬浮列车
投入运营

### 斯太尔的加强版长什么样？
**2002 斯太尔王**

在消化、吸收了斯太尔 91 的技术后，面对 21 世纪市场的新形势，中国重汽开展技术攻关，推出了"斯太尔王"系列产品。凭借简单可靠、皮实耐用的特点，"斯太尔王"称霸中国重载物流业和能源运输业。

### 二十年前最先进的国产重卡是谁？
**2004 豪沃**

豪沃是由中国重汽与沃尔沃联合开发的重卡。它不仅在物流行业大放异彩，还作为工程车平台在工程建设中发光发热。豪沃如今已经成为中国商用车的一流品牌，"重卡领袖，中国豪沃"的口号深入人心。

**2004**
"神州第一路"
沈大高速通车

### 最早的沃尔沃合资车不是吉利造？
**2004 华沃 FM**

21 世纪初，中国重汽携手世界卡车巨头沃尔沃进军高端物流领域。自 2004 年开始，双方合作在济南生产沃尔沃 FM 系列卡车。遗憾的是，当时的国内物流市场发展还不成熟，FM 系列销量不佳，沃尔沃提前终止了合作。

## 2004
西气东输工程全线建成

### 最早的国产高端重卡是谁？
**2010 豪沃 A7**

豪沃 A7 是中国重卡走向高端化的早期尝试，采用沃尔沃驾驶室技术，匹配来自德国曼恩的 D20 系列发动机，正式推出后更名为豪沃 T7"汕德卡"。2013 年，随着汕德卡品牌的独立，豪沃 T7 更名为汕德卡 T7。

## 2010
西电东送工程第一条特高压线路投运

### 最有"德味儿"的中国重卡是谁？
**2013 汕德卡 C7H**

C7H 是汕德卡品牌在 2013 年发布的旗舰产品，全套采用德国曼恩公司提供的重卡技术，售价高于自主产品，低于进口产品。如今的汕德卡已经成为中国高端重卡行业的一面旗帜。

## 2013
南水北调工程东线、中线完工

### 重卡也能智能化？
**2020 黄河 X7**

2020 年，中国重汽在公司 90 年华诞之际，正式发布了黄河牌全新一代高端物流牵引重卡。在停产 20 年后，黄河重卡以崭新姿态重登市场。全新的黄河 X7 重卡，成为新一代中国商用车中的智能化标杆。

## 2020
三峡工程完成整体竣工验收

# 07

1963 年 12 月，郑州客车修配厂打造出河南省首台长途客车。五十年后的今天，这家位于郑州的企业已经更名为郑州宇通，并成长为全球客车制造业巨头，它见证了中国客车制造业的发展，是中国客车走出国门的先锋。

## 交通 JT660
## 1963

# 时代背景

**3月5日**

我国确定每年的这一天为"学雷锋纪念日"。

**9月26日**

我国自行设计、施工的第一座大型氮肥厂投产。

### 交通 JT660 是怎样诞生的？

JT660 是由原交通部（现交通运输部）组织开发的标准型公路客车，它的造型设计参考了曾在国内广泛使用的斯柯达、伊卡鲁斯等东欧产客车。在 20 世纪 60 年代全国经济一盘棋的背景下，交通部将 JT660 的设计图分发给全国各地的客车厂，用于批量生产。

### 交通 JT660 是一款怎样的车？

和当年许多客车一样，JT660 基于卡车底盘开发。解放 CA10 和黄河 JN150 卡车的底盘，是当时国内客车企业的首选。奔跑在全国各地的 JT660 通常有 40 个座位。

### JT660 这个编号有什么含义？

这是当时的标准汽车编号。JT 是"交通"两个字的汉语拼音首字母，代表交通部通用型号。第一个 6 代表客车，第二个 6 代表座位数 40 个以上，0 是序列号，代表这一级别产品的第一款车型。

### 1949 年至今中国的公路里程增长了多少？

1949 年，我国公路里程只有 8.07 万公里，到了 1963 年，全国公路里程已经增加到 47.51 万公里。2023 年，我国的公路里程达到了 535 万公里。

# 中国客车工业从哪里起步?

## 最初依赖进口，20世纪60年代迎来大发展

1949年之前，中国汽车人曾尝试利用进口汽车底盘改造客车，但整体而言，并没有形成体系化的客车工业。新中国成立之初，也依赖于从东欧国家进口客车，主要是斯柯达、伊卡鲁斯等品牌的产品。随着一汽的建成，各地才开始广泛利用解放卡车的底盘发展客车制造能力。

1969年，长途客车迎来一次大发展，先后有19个省市的20多家工厂投产长途客车。1980年，我国已经在31个省市建立起完善的客车生产体系，相比1964年，全国客车产能增长了20倍。

| 宇通客车历史沿革 | |
|---|---|
| 1963年 | 河南省交通厅所属郑州客车修配厂，生产出我国第一台大型客车 |
| 1985年 | 郑州客车修配厂更名为郑州客车制造厂，成为全国14家大型客车骨干企业之一 |
| 1993年 | 郑州客车制造厂实行股份制改造，成立郑州宇通客车股份有限公司 |

# 改革开放后中国客车发展得怎么样?

## 引入先进技术，卧铺客车出现

改革开放后，我国的客车产业进入了高速发展期。这一时期，国产客车技术有了显著进步。20世纪80年代，部分客车企业开始研发客车专用底盘，结束了依托卡车底盘改造的历史。同时，很多客车企业也开始引进国外先进技术，改进既有产品。

随后，一系列新的产品形式纷至沓来。1988年，西安公路学院与扬州客车厂联合开发出我国第一款公路长途卧铺客车。千禧年后，我国客车企业开始大规模引进国外客车品牌的成熟产品，比如郑州宇通就与德国曼恩公司合作生产了多款经典车型。

### 老式丰田客车

新中国成立前，神州大地上奔驰着各种舶来的客车，较常见的是由各类美式军用卡车改装的客车，还有一部分是抗日战争胜利后收缴的日本客车，其中以丰田公司生产的客车最为流行。

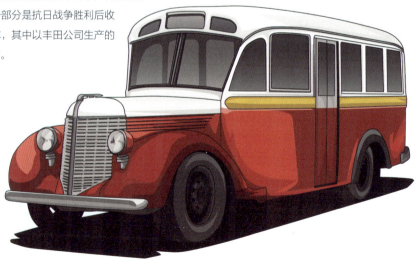

**宇通 T13E**

T13E 是宇通在海外市场发布的全新旗舰纯电动客车，可载客 48 人，续驶里程 300 公里，采用双电机驱动系统，最大爬坡度达 20%，能适应多山路况。根据宇通官方资料，纯电动客车相比传统柴油客车，每年营运费用可减少 75%，每年每台二氧化碳排放量可减少 79 吨。

## 今天的中国客车是什么水平？

### 高速发展，与高铁平分秋色

2008 年北京奥运会后，在充分消化、吸收国外先进客车制造技术的基础上，我国自主品牌客车成长迅速。这一阶段，中国客车从模仿、学习走向自主创新，从单纯的性价比优势，向品质和技术优势迈进。尤其是新能源时代，中国客车品牌已经走在世界前列。

然而，国内的长途客运市场规模已经连续多年萎缩，曾经流行的长途客车在公路上越来越少见。这并不是中国客车的退步，而是中国国力的进步：长途客运市场萎缩的背后，是中国高铁的高速发展，更加便捷的高铁已经成为人民群众长途出行的第一选择。

## 中国客车竟然是海外顶流？

### 宇通成为中国客车名片

中国客车正逐步走出国门，走向世界。2022 年，中国客车出口 4.8 万台，同比增长 32%，纯电动客车出口市场规模同比增加 1.55 倍，大型客车出口 1.4 万台。中国客车在凭借性价比优势征服海外市场的同时，也正在成为高品质的代表。

郑州宇通作为中国客车企业中的佼佼者，也是中国客车出海的先锋。早在 2007 年，宇通的年出口量就突破了 3000 台。2011 年，宇通获得世界客车联盟全球年度客车制造商大奖。2016 年，宇通销售大中型客车 70988 台，六年蝉联全球销量冠军。

| 高铁通车里程 vs 公路客运量 | | |
|---|---|---|
| 2010 年 | 高铁 0.8 万公里 | 公路客运量 305 亿人次 |
| 2015 年 | 高铁 1.9 万公里 | 公路客运量 194 亿人次 |
| 2020 年 | 高铁 3.79 万公里 | 公路客运量 68.94 亿人次 |

# 阡陌交通
## 宇通客车有哪些经典车型？

正是道路交通网中的一台台客车，让我们实现了交相往来、往来通达。

# 经典

### 三十年前最火的卧铺客车你坐过吗？
### 1993 ZK6980W

ZK6980W 是宇通研发的第一款长途卧铺客车，上市后供不应求。宇通客车正是凭借这款车型，奠定了自己在全国公路客运市场的领先地位。鼎盛时期，宇通在全国卧铺客车市场的占有率达到 50%。

### 还记得带你回乡的"中巴车"吗？
### 1993 "宇通红"系列

从 1993 年到 1997 年，宇通先后推出了自主研发的 ZK6730D、ZK6731D、ZK6732D 客车。这一系列车型都属于 29 座中型轻便公路客车。由于车身上有非常鲜艳的红色图案，它被客户们亲切地称为"宇通红"。

### 第一款销量破万的国产客车是谁？
### 2003 ZK6100H

ZK6100H 是宇通最经典的长途客车产品，一改以往国产客车的沉闷造型，获得国家外观设计最高奖项——外观设计专利金奖。此外，它还是第一款销量破万的国产客车，被誉为"10 米客车之王"。

# 高端

### 大客车也有合资的？
### 2002 ZK6120R41

2002 年，宇通与德国曼恩公司签署合作协议，合资建立猛狮客车品牌，引入曼恩的先进技术。ZK6120R41"莱茵之星"是猛狮旗下的高端客车产品，也是宇通客车走向高端的起点。

### 宇通最高端的产品是谁？
### 2008 ZK6140BD

专业机场摆渡车技术含量高，属于客车中的"高精尖"产品。国内机场摆渡车市场曾长期被国外品牌垄断。2008 年，宇通推出了自主研发的机场摆渡车，打破了国外品牌的垄断，日后又一步步改变了全球机场摆渡车市场的竞争格局。

# 未来

### 大客车也能零污染？
### 2021 宇通 H12

H12 是宇通自主研发的氢燃料电池城市公交车，已经在全国范围内得到大规模应用，它的排放物只有水，运行一天甚至能净化供 200 名成年人呼吸一天的空气。在燃料电池客车领域，宇通走在了前沿，彰显出对时代的责任感。

汽车里的中国故事

第二章
# 中国汽车的合资时代
## Chapter Two

2023年上海国际车展，中国自主汽车品牌成为聚光灯下的宠儿。一众合资品牌，尽管从销量上看依然占据中国市场的"半壁江山"，但已经难掩没落之态。

时光回溯到45年前，1978年10月，时任美国通用汽车公司董事长托马斯·墨菲率团访问中国。其间，他向中方提出了"合资经营"的设想，让中国汽车人看到了一条前所未有的发展路径。

## 我们要承认不足

改革开放之初，我国拥有整车制造企业100余家、汽车零部件生产企业2000余家，但与此同时，在研发、工程和生产管理技术上，却远远落后于西方汽车强国。彼时，我国的汽车工业主要面临着三方面问题：

其一，产能低。1978年，全国100余家整车制造企业的合计年产能只有18万台，

1985年，北京吉普生产的第一批切诺基下线

多数企业的年销量不足1000台。同年,日本的全国汽车产量首次突破了1000万台,仅丰田汽车公司一家就生产了超过300万台。

其二,技术落后。绝大多数整车产品仍然停留在20世纪50到60年代的技术水平,规模最大、实力最强的第一汽车制造厂,还在大批量生产诞生在1956年的解放CA10卡车。不仅是技术水平,在生产和质量管理体系上更是完全与世界脱轨,彼时的国产汽车首次故障里程不足1000公里,而同期世界先进水平已经达到3万公里。落后的产品与生产技术,也意味着高昂的生产成本,每生产一台同等载重性能的卡车,我们就要比别人多消耗1吨钢材。

其三,发展不均衡。1978年,第一汽车制造厂的年产量是5.8万台,占到了全国汽车年产量的32%,而其他整车企业大都在仿制一汽的产品。由一汽解放卡车衍生而来的中型客车、与南京跃进卡车同级的轻型卡车占据了绝大部分产能,而重型卡车、轿车和厢式货车的产能却严重不足。

再度打开国门时,中国汽车人都震惊于世界汽车行业二十年间的飞速发展。一个当时访问中国汽车厂的日本工程师曾不屑地说:"中国还在用爷爷辈的生产方式生产汽车。"

20世纪70到80年代,背着"长辫子"(集电杆)的无轨电车在"自行车大军"中穿行

## 走出去，引进来

1978年，我国派出多个规模庞大的考察团走访美、欧、日等地，考察当地的汽车工业发展状况。考察团成员在认识到我国汽车工业与西方强国存在巨大差距的同时，也感受到西方资本对东方市场的强烈渴望。

面对差距，相关部委研究决定，先着手解决国内汽车产业"散、乱、小"的问题，在既有的几家规模较大的汽车制造厂的基础上，整合成立数个大型汽车联营公司，梳理汽车零部件生产等上下游企业，集中力量提升技术水平和产能。

面对合作意向，相关部委认为，在工业技术领域，既然我们曾经通过与苏联合作成功地"学习"过一次，这次自然也有机会通过与西方国家合作再"学习"一次。然而，不同于苏联在20世纪50年代提供的全方位援助，西方国家提出合作大多是出于经济和市场方面的考虑。对于我们提出的引进、转让技术等条件，大多数西方汽车企业都严词拒绝，因为他们想要的只是"把产品卖给中国"。

在这样的需求冲突下，通用汽车董事长托马斯·墨菲提出"合资经营"模式，无疑让我们看到了一条全新的合作共赢之路。墨菲形象地解释说，"合资经营"就是把合作双方的"钱包"放到一起，共同经营企业，要赚一起赚，要赔一起赔。

## 第一批"吃螃蟹"的人

我国打开合资经营大门之初，真正愿意走进来的西方汽车企业并不多。托马斯·墨菲回到美国后，向通用汽车董事会描摹了与中国建立合资企业的美好前景，但董事会认为中国的汽车工业基础薄弱，还没有形成成熟的汽车消费市场，未来收益难以预估，投资风险过大。就这样，通用汽车错过了在中国建立第一家合资车企的机会。

1979年，我国又派出多个考察团前往西方汽车强国寻求合资机会。尽管屡屡碰壁，但还是有不少企业主动抛出了橄榄枝，比如美国汽车公司（AMC）、德国大众汽车公司、日本大发工业株式会社，以及奥地利斯太尔公司等。进入20世纪80年代，整车制造领域的合资经营发展模式逐渐步入正轨，北京吉普、上海大众等企业相继建成投产。

### 合资给我们带来了什么？

- 合资给我们带来了先进技术。合资车企最初引进生产的很多产品，比如上海大众桑塔纳、北京吉普切诺基等，整体技术都处于彼时的国际主流水平。由进口散件国内组装、到部分零部件国产化，再到本土开发整车产品，我们通过合资经营学到了先进技术。

- 合资给我们带来了先进理念。随着一座座合资工厂的建成，我们学到

1984年,上海汽车制造厂组装的第一台大众桑塔纳轿车下线

了先进的生产组织和管理方式,从合资工厂里走出的一批批掌握先进理念的工程师和经营管理者,带动了本土汽车工业的全方位升级。

- 合资给我们带来了完善体系。一家整车制造企业背后有无数家配套生产和服务企业。随着合资产品的国产化率逐步提升,一大批本土上下游生产、服务企业发展壮大,共同构建起全面、完善的供应链体系,成为中国汽车工业崛起的基石。

- 合资助力我们快速向"汽车社会"转型。合资极大提升了我们的汽车产能,极大丰富了我们的汽车产品类型,促进建立了汽车销售和售后服务体系,加速了汽车消费市场的形成、发展和成熟。

这些故事,都沉淀在那些经典的合资车型中……

改革开放让我们认识到自己的差距,用市场换取先进技术,让中国汽车跟上世界的脚步,合资时代就此拉开帷幕。1984年,第一家中外合资汽车制造企业——北京吉普正式开业,次年,北京吉普的第一款合资产品——切诺基驶下生产线。

# 北京吉普切诺基
# 1985

# 时代背景

## 1月21日

我国正式将每年的9月10日确定为教师节。

## 2月20日

我国首座南极科考站——长城站建成。

### 切诺基是一款怎样的车？

国产切诺基定位于紧凑型SUV，它属于原版切诺基的第二代产品。美国 Automobile 杂志评选的"有史以来最伟大的20款汽车"中就有切诺基。

### "切诺基"这个名字有什么含义？

切诺基是美国567个印第安部落中规模最大、最发达的一个。Jeep品牌有以印第安部落名作为车系名的传统，除切诺基外，还有科曼奇、莫哈维。

### 切诺基是SUV始祖？

1974年，切诺基的销售手册上出现了一个新术语——Sport Utility Vehicle，宣告了SUV这个汽车新物种的诞生。国产的第二代切诺基，是首款采用承载式车身的紧凑型SUV。

### 切诺基还是"影视明星"？

在诸多影视作品中，切诺基都以硬汉座驾的形象出镜。对国内观众来说，切诺基还代表着一种特殊身份——刑警，21世纪初热播的刑侦剧《重案六组》中的红色切诺基，给人们留下了深刻印象。

## 为什么选择与 Jeep 合资?

### Jeep 经营不善,条件好谈

Jeep 诞生于第二次世界大战,成名于第二次世界大战,但它的母公司威利斯只是美国汽车产业中的一个小角色。Jeep 品牌先后被凯撒汽车、AMC 等企业收购。20 世纪 70 年代末,雷诺控股 AMC,经营不善的 Jeep 品牌急需开拓新市场。

我们为什么选择 Jeep?因为当时生产力大于一切,提供舒适享受的轿车绝非合资首选,皮实耐用的越野车更能为改革开放后如火如荼的经济建设出力。主动抛出橄榄枝的 Jeep,自然获得了合资审批流程上的一路绿灯。

| Jeep 品牌颠沛流离的命运 | |
|---|---|
| 1950 年 | 威利斯公司注册 Jeep 商标 |
| 1953 年 | 威利斯被凯撒汽车收购 |
| 1970 年 | 凯撒汽车被 AMC 收购 |
| 1980 年 | 雷诺控股 AMC |
| 1986 年 | Jeep 品牌被克莱斯勒收购 |
| 2019 年 | Jeep 品牌归属于 Stellantis 集团 |

## 为什么选择生产切诺基?

### 差一点,第一款合资车就是牧马人

合资公司谈成了,该生产什么产品呢?中美双方为此开展了三轮讨论,三次变更方案。双方最初打算利用 Jeep CJ 系列车型的技术联合开发 BJ213 越野车,但碍于中方技术基础薄弱难以实现,而且 CJ 系列的技术在当时已经落伍。随后,双方又计划直接引入 YJ 系列牧马人越野车。

1984 年 7 月,国务委员陈慕华访美,参观了 Jeep 的母公司 AMC。其间,她见到了刚刚发布的切诺基,并将相关信息带回了国内。经过反复论证,中美双方最终都认为,技术新颖的切诺基是比牧马人更合适的选择。

### 大切诺基

大切诺基是比切诺基更大、更豪华的中大型 SUV,很长时间里它都是 Jeep 的旗舰车型。2001 年,第二代大切诺基在北京吉普投产,被车迷们亲切地称为"大切"。国产大切诺基搭载了 4.0 升排量 V6 汽油机和 4.7 升排量 V8 汽油机。

## 切诺基投产后北京吉普发展得怎么样？

### 由盛到衰

国产切诺基在市场上大获成功，很快就取代 BJ212 成为北京吉普的主力产品。此后，北京吉普又相继引入了大切诺基等经典车型。但北京吉普的产品也存在国产化率较低的问题，直到 1993 年，切诺基的国产化率才达到 60%。

北京吉普的发展屡屡受到合资方更迭的影响：1987 年，由于克莱斯勒收购 AMC，合资方变更为克莱斯勒；1998 年，戴姆勒－奔驰兼并克莱斯勒，合资方又变更为戴姆勒－克莱斯勒。尽管这一系列变动催生了国产三菱欧蓝德等相对成功的产品，但若干年后戴姆勒－克莱斯勒的"分家"，也让北京吉普的故事彻底画上了句号。

| Stellantis 旗下品牌在中国（曾）有哪些合资企业？ | |
| --- | --- |
| 标致 | 广州标致（关闭）、东风标致雪铁龙 |
| 雪铁龙 | 东风标致雪铁龙 |
| 克莱斯勒 | 北京戴姆勒－克莱斯勒（关闭） |
| Jeep | 北京吉普（关闭）、广汽菲亚特－克莱斯勒（关闭） |
| 菲亚特 | 南京菲亚特（关闭）、广汽菲亚特－克莱斯勒（关闭） |

### 自由光

它实际上是第五代切诺基，也是第二款在中国生产的切诺基。为什么切诺基要改名叫自由光？这个名字最早出现在美国市场的第三代切诺基上，目的是安抚印第安部落的情绪。中国市场使用这个名字是因为：这一代切诺基的生产方是广汽菲克，而切诺基的商标权归属于北京奔驰。

## 切诺基的故事还有后续吗？

### 广汽菲克 Jeep

初代国产切诺基的故事结局并不完美，因为 Jeep 品牌一系列复杂的股权变更坑苦了北京吉普。最终，北汽集团在北京吉普的基础上分别成立了北京奔驰和北京越野两家子公司，Jeep 的第一次国产故事在 2003 年宣告结束。直到 2015 年，广汽菲克再次引入 Jeep 品牌。

广汽菲克的主力产品是 Jeep 自由光，它实际上是第五代切诺基。在自由光之后，广汽菲克又先后引入自由侠、指南者等车型。再度国产后，Jeep 销量最高的一年卖了 22 万台。但受种种问题影响，Jeep 的销量从 2017 年开始持续下滑。到 2022 年，Jeep 的第二次国产故事告终。

# 09

尽管 Jeep 抢先与北汽成立了第一家中外合资汽车企业,但有人其实比他们来得更早。1983 年,德国大众公司就率先向上海汽车公司提供了组装桑塔纳轿车的散件。大众与上汽,由此成就了一段中国汽车合资史上的佳话。

## 上海大众桑塔纳
# 1983

## 时代背景

**2月12日**
中央电视台首次组织春节联欢晚会。

**6月20日**
BEYOND 乐队成立。

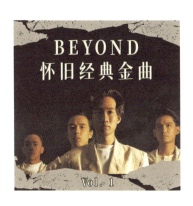

### 桑塔纳是一款怎样的车？

上海大众桑塔纳是大众中型轿车帕萨特的第二代车型，也就是车迷们常说的帕萨特 B2。国产初期组装的桑塔纳是帕萨特 B2 的高配置版本，后续正式量产的是基础配置版本。

### "桑塔纳"这个名字有什么含义？

大众公司喜欢以"风"来命名自己的产品。桑塔纳是一股发源于桑塔纳山谷的旋风，而桑塔纳山谷位于美国西海岸的加利福尼亚州。

### 为什么选择桑塔纳？

中国代表团与大众公司接洽时，对引入产品提出了两点要求：要具有当时的先进技术；要能满足从商务到政务，再到出租车市场的需求。于是，大众推荐了刚投产不久的第二代帕萨特，也就是桑塔纳。

### 桑塔纳生产了多久？

别号"普桑"的老桑塔纳，最后一次改款是在 2007 年，此后又一直生产到 2012 年。从 1983 年首批组装车型下线算起，桑塔纳的生产周期长达近 30 年。

## 为什么选择和大众合资？
### 原本不在考虑范围内，但大众在德国卖得好

20世纪70年代末，国家派出代表团前往6个国家的50多家汽车企业及科研单位进行考察。在众多的考察对象中，最初并不包含大众公司。然而，代表团在德国考察期间，发现街头出现频率很高的汽车，大多来自一个相对陌生的品牌——大众。

在上级明确指示轿车项目也可以考虑后，大众公司才被加入考察行程。双方接触后，大众也表现出浓厚的兴趣。在当时拟定的合资对象中，大众的态度最有诚意，而且开出了最为优惠的条件，这直接促成了上汽与大众的合作。

| 首批中外合资汽车企业建立时间 | |
| --- | --- |
| 1984年1月 | 北京吉普正式成立，首款投产车型是切诺基 |
| 1984年10月 | 上海大众正式成立，首款投产车型是桑塔纳 |
| 1985年3月 | 广州标致正式成立，首款投产车型是标致505 |

## 桑塔纳国产后发展得怎么样？
### 桑塔纳2000的故事

1995年，上海大众引入了桑塔纳2000。它的原型车是巴西大众生产的桑塔纳升级款，外观一改"普桑"方头方脑的造型，更为圆润，更有时代感。桑塔纳2000也是首款中国工程师参与开发的大众车型。2004年，上海大众在桑塔纳2000的基础上又推出了桑塔纳3000，车长增加了100毫米。

"普桑"平台的最后一款作品，是2008年发布的桑塔纳志俊。这也是"普桑"的最后一次大规模改款。尽管后续又推出了可享受国家购置税减免政策的搭载1.6升排量发动机的版本，但那时上海大众的"当家花旦"已经是帕萨特B5了。

### 桑塔纳家族

20世纪90年代，上海大众推出了桑塔纳2000车型，它经历了两次小改款，末代车型称为桑塔纳志俊。2012年，当桑塔纳志俊停产时，德国那边的帕萨特已经发展到了第7代车型（B7）。

## 桑塔纳的继任者是帕萨特吗?
**原本是一家**

桑塔纳源自帕萨特,实际上是第二代帕萨特(B2)的"别名"。但由于中国市场发展滞后,第三代、第四代帕萨特(B3、B4)都没能国产,只通过进口形式少量引入。倒是一汽-大众捷达,在改款的时候曾经使用过帕萨特的外观造型。

1999年,眼见中国汽车消费市场逐渐成熟,大众正式将第五代帕萨特(B5)引入上海大众生产。国产的帕萨特B5,还针对国内市场需求加长了轴距。作为桑塔纳的继任者,帕萨特B5开启了大众在中国中型车市场的又一段传奇故事。

### 新桑塔纳

新桑塔纳是继承"普桑"之名,由上海大众生产的小型家用轿车。它的突出特点是便宜、简单、可靠。新桑塔纳是大众全球入门级系列车型的一员,它还有很多兄弟,比如同门的斯柯达昕锐和一汽-大众的新捷达。

## 2012年诞生的新桑塔纳是什么来头?
**变身国民家轿**

"普桑"2012年停产后,由谁来继承它的名字?同年10月,上海大众发布了新桑塔纳。不同于"普桑"的中型车定位,新桑塔纳基于小型车Polo(PQ25平台)打造,化身入门级家用轿车。

新桑塔纳虽然采用小型车平台,但长、宽、高等车身参数已经达到紧凑型轿车的标准。凭借着大众的优秀口碑和跃级空间,新桑塔纳迅速成长为中国家用轿车市场上的热门产品。

| 大众集团旗下的平民品牌 | | |
|---|---|---|
| | 大众 | 德国品牌,全球最畅销的汽车品牌之一 |
| | 斯柯达 | 捷克品牌,定位略低于大众,主要在东欧、亚洲市场销售 |
| | 西亚特 | 西班牙品牌,定位比大众更年轻,主要在欧洲市场销售 |
| | 捷达 | 中德合资品牌,大众旗下定位最低的品牌,主要在中国生产销售 |

哪一个豪华汽车品牌与中国汽车市场互相成就？当然是奥迪！1986 年，进口奥迪 100 的散件分别在上汽和一汽组装成功。1988 年 5 月，一汽和奥迪正式签署技术转让合同，这是第一份落地中国的豪华车技术转让合同。

# 一汽-大众奥迪 100
# 1986

# 时代背景

**3月10日**
我国正式成为亚洲开发银行成员国。

**10月16日**
北京正负电子对撞机组装成功。

### 奥迪100是一款怎样的车?

奥迪100是奥迪品牌旗下的中大型豪华轿车。在国内组装生产的奥迪100是这一车系的第三代车型，代号C3。

### 奥迪100的名字背后有什么故事?

奥迪当时的车系以纯数字命名，奥迪80是日后奥迪A4的前身、奥迪100是日后奥迪A6的前身。在美国市场销售的奥迪100名为奥迪5000。

### 奥迪100当时有多贵?

奥迪100上市时的售价是33万~38万元，而当时的全国职工年平均工资仅有1271元。因此，这款车的绝大多数用户都是政府机关和企事业单位。而这些用户最青睐的车身色自然是沉稳的黑色。

### 上汽组装了多少台奥迪100?

上汽当年组装的奥迪100堪称稀少，1986年组装了100台，1987年组装了499台，1988年组装了1台，三年时间总共组装了600台。据考证，目前仅1台存世。

# 一汽奥迪
## 背后有什么故事？
### 差一点就是道奇

一汽之所以选择牵手奥迪，背后有一段颇为曲折的故事。20 世纪 80 年代，随着红旗轿车的停产，一汽失去了轿车生产项目。作为"共和国长子"的一汽，也想像上汽、广汽那样通过合资重新建立轿车生产能力。

一汽原本的合作对象是美国克莱斯勒，当时他们已经从克莱斯勒引进了 488 系列发动机，进一步合作似乎水到渠成。但是克莱斯勒对输出道奇 600 轿车的生产线开出了天价合同，而且谈判态度傲慢。双方谈判破裂后，大众公司主动带着奥迪寻求合作，最终促成了奥迪 100 落户一汽。

### 奥迪 V8L

国内组装的级别最高的奥迪车型，也是奥迪品牌历史上地位最高的车型，主要用作国家领导人专车。在 20 世纪 90 年代的新闻报道中，你总能见到它的身影。它是当时为数不多的售价与劳斯莱斯比肩的车型，帮助奥迪奠定了豪华品牌地位。

| 德国豪华汽车品牌在中国 | | | | |
|---|---|---|---|---|
| | 品牌 | 组建合资公司时间 | 首款国产车型 | 国产顶级车型 |
| Audi | 奥迪 | 1986 年 | 奥迪 100 | 奥迪 V8L |
| BMW | 宝马 | 2003 年 | 宝马 3 系 | 宝马 X5Li |
| Mercedes-Benz | 奔驰 | 2005 年 | 奔驰 E 级 | 奔驰 E500 |

## 奥迪国产的
## 最高级车型是谁？
### 奥迪 A8 前身，能买 3 台奔驰 S 级

奥迪 V8 是奥迪第一代大型旗舰轿车，是奥迪 A8 的前身。奥迪 V8L 则是奥迪 V8 的升级版车型，轴距较标准型 V8 加长 318 毫米，达到 3018 毫米，车长更是达到 5190 毫米。奥迪为它堆砌了一系列豪华配置，它的售价相当于当时的 3 台奔驰 S 级轿车。

作为奥迪最稀有的旗舰车型，奥迪 V8L 全球产量仅 271 台，其中就包含一汽-大众组装的 35 台。甚至有传言说，V8L 的诞生就源自中方的需求。国内组装的奥迪 V8L 大多服务于国家领导人。

## 从奥迪 100 到奥迪 A6
### 奥迪奠定中国市场地位

在奥迪 100 取得成功后,大众和奥迪选择与一汽进行更为深入的合作。1995 年 11 月,一汽、大众、奥迪签署三方合资协议,在一汽-大众投产新一代奥迪中型车。此时,奥迪 100 在海外已经更名为奥迪 A6,并且进化到第四代车型(C4)。三方决定跳过第四代车型,由一汽直接参与第五代车型(C5)的研发和生产工作。

1999 年 9 月,第五代奥迪 A6 在一汽-大众下线,相比海外版本,国产版本进行了一系列针对国内市场需求的改进,其中最重要的莫过于开创了合资企业引进车型加长轴距的先河。自此,奥迪开启了统治中国中大型豪华车市场的辉煌之路。

| 大众集团旗下的超豪华品牌 | | |
|---|---|---|
| 宾利 | 英国品牌,与劳斯莱斯并列的顶级豪华品牌 | |
| 兰博基尼 | 意大利超级跑车品牌,法拉利的宿敌 | |
| 布加迪 | 法国超级跑车品牌,在售车型售价均超过百万美元 | |

### 奥迪 A6L(C8)

这是一台 2023 款的国产奥迪 A6L,已经是这个传奇车系的第八代车型。如今的奥迪 A6L 系列车型依然在一汽-大众的长春工厂生产。奥迪 A6L 一直是国内中大型轿车市场中的佼佼者,备受中高收入人群的青睐。

## 这款奥迪竟然是中国特供?
### 奥迪 200 的故事

在一汽与奥迪的合资历史中有一款特殊车型——奥迪 200。它是一汽-大众引入第五代中型车(C5)之前,在奥迪 100(C3)基础上自主研发的国内市场专属车型。

奥迪 200 引用了一部分奥迪 V8 的技术,同时加入了一些第四代车型(C4)的先进配置,车身尺寸略有增加,动力方面搭载 2.4 升排量和 2.6 升排量两款 V6 汽油机。整体上,奥迪 200 的外观相比奥迪 100 更为时尚,而内饰设计几乎完全相同。1999 年,随着国产奥迪 A6(C5)的下线,它完成了历史使命,正式停产。

# 11

1999 年，广州本田将第六代雅阁引入国内生产，同时引入了理念先进的"四位一体"特约销售服务模式，在广州市白云区黄石东路开设了全国第一家 4S 汽车经销店。

## 广州本田雅阁
## 1999

# 时代背景

**1月**

首届全国"新概念作文大赛"开赛。

**年底**

全国基本普及九年义务教育、基本扫除青壮年文盲的县累计达2430个,人口覆盖率达80%。

### 雅阁是一款怎样的车?

雅阁是本田旗下的中型轿车,首代国产雅阁是日本原版雅阁的第六代产品。雅阁是三大日系品牌(丰田、本田、日产)车型中,第一款在中国投产的轿车,至今已经更新到第十一代。

### "雅阁"这个名字有什么含义?

雅阁是英文Accord的音译,这个英文单词的原意是协调,因为本田希望制造一款与人和社会和谐共处的汽车。而中文译名雅阁,在强调和谐雅致的基础上,又引申出尊崇高端的内涵。

### 当年的雅阁卖得有多火?

在引入国内生产的第一年,雅阁就卖出了3.2万台。在第六代车型国产的整个周期里,雅阁一共卖出了13.8万台,堪称当时的"车界神话"。

### 雅阁的质量有多靠谱?

浙江湖州有一位叫陈光山的先生,在1999年3月购买了一台雅阁轿车。根据本田官方确认,陈先生的那台雅阁累计安全行驶了100多万公里,而且没有一次大修记录。

## 当年的中国人怎么买车?
### 没有4S店,买车"套路"多

20世纪90年代,我国汽车工业高速发展,但汽车消费市场的发展还相对滞后。当时,国内汽车销售的主要模式是大卖场,类似如今的二手车市场,一家经销商会销售多个品牌的多种车型,有些车型甚至要直接联系生产厂购买。

买车"套路"多,售后更是没保障。当时销售和维修服务是分离的,几乎没有质保的概念,买车更像"一锤子买卖",大城市可能还有生产厂家设立的官方维修网点,而在小城市,维修只能靠良莠不齐的汽修厂甚至"路边摊"。

| 日系品牌中外合资企业的成立时间 | | |
|---|---|---|
| 郑州日产 | 1991 | 虽然很早就进入中国市场,但由于主要生产商用车,显得很"低调" |
| 广州本田 | 1999 | 广州本田是第一家生产乘用车的日系合资车企 |
| 一汽丰田 | 2003 | 丰田的合资国产过程曲折颇多,是日系三大品牌中最晚成立合资企业的品牌 |

## 4S的含义是什么?
### 销售、售后一体化

4S的含义众说纷纭,一种广受认可的说法是:Sale代表汽车销售,Service代表售后服务,Spare part代表零配件,Survey代表信息反馈。这种经销模式据说发源于欧洲,最早采用这一模式的可能是奔驰。4S的核心是销售、售后一体化,经销店要严格按照汽车生产商制定的标准运营,提供一致化的服务。

1999年,随着广州本田第一家4S店的开业,四位一体的特约销售服务模式进入我国。服务标准统一,展厅设计统一,将整车展示、销售、维修和零配件服务融为一体。在广本的示范下,中国汽车销售市场迅速进入"4S时代"。除本田外,较早采用这一模式的还有大众和别克品牌。

### 八代雅阁

2008年诞生的第八代雅阁的开发理念是"前瞻-能量",它是一款从平台到设计理念全面进化的产品,因此被贴上了"史上最强雅阁"的标签。第八代雅阁有搭载3.5升排量V6汽油机的版本,最大输出功率280马力(约206千瓦),零百加速时间只有8秒。

**十一代雅阁**

这代雅阁的最大变化是引入了插电式混合动力车型。从第六代开始国产到第十代，23 年间雅阁在中国销售了超过 300 万台。它是广汽本田在中国销量最高的车型，至今还保持着日系中型车的最高交付量纪录。十一代雅阁还能续写前辈的辉煌故事吗？

## 雅阁的孪生兄弟
### 欧规本田入华史

首家与本田合资生产雅阁的中国企业，本该是东风汽车公司。但受当时的政策影响，本田最终决定与广汽合资制造整车，与东风合资制造发动机。直到 2003 年，东风本田才正式成立，6 年后，东本将欧洲版雅阁引入国内生产，命名为思铂睿。

由于欧洲版雅阁车身尺寸较小，设计风格不如广本生产的北美版雅阁大气，思铂睿的销售状况并不理想。2018 年，东本又在第十代雅阁的基础上开发出英仕派车型，除外观、内饰设计更运动外，英仕派与雅阁几乎没有区别。

## 哪一代雅阁最经典？
### 第八代最火，
### 第十一代新能源化

第六代雅阁国产上市三年后，广本就果断决定引入下一代车型。第七代雅阁的造型大胆、锐利，是国内首款累计销量突破 50 万台的中型车。第八代则是雅阁车型史上最辉煌的一代，它宽大、豪华、舒适，在当时号称是"准 C 级车"，全方位超越了同级对手。

第九代雅阁首次引入了混合动力车型，靠着能耗低、体感舒适的特点积累了不错的口碑。第十代雅阁采用了偏向于轿跑车的动感造型，主打小排量涡轮增压发动机和混合动力系统，是设计理念上最年轻的一代国产雅阁。2023 年，本田发布了第十一代雅阁，首次引入插电式混合动力车型。

| 第六代雅阁当时有哪些对手？ | | |
|---|---|---|
| 日产风度 | 进口 | 天籁的前身，曾是国内销量最高的进口中型车 |
| 丰田佳美 | 进口 | 凯美瑞的前身，当年每 5 台进口车里就有一台佳美 |
| 大众帕萨特 | 国产 | 第五代帕萨特（B5），引领了合资车型加长轴距的风潮 |

进入 21 世纪，中国逐渐成长为全球最大的汽车消费市场，为了满足中国消费者的需求，合资品牌也渐渐变得更为本土化。是谁开创了本土化设计的先河？别克！他们专为中国消费者打造的第一款车型就是 GL8。

## 上海通用别克 GL8
## 1999

# 时代背景

## 7月23日

方润南执导的动画片《西游记》在央视一套黄金时段播出。

## 10月1日

中国人民银行发行第五套人民币。

## GL8 是一款怎样的车？

GL8 是一款中大型 MPV，它最初是典型的美式小型厢式客车（Mini Passenger Van），进入中国后才发展成为针对商务出行市场的多用途乘用车（Multi-Purpose Vehicle）。

## GL8 有哪些"兄弟姐妹"？

20 世纪 90 年代，通用汽车实行同平台、多品牌战略，除了在中国市场投放的 GL8 外，同平台车型还有美国市场的奥兹莫比尔 Silhouette、雪佛兰 Venture，以及欧洲市场的欧宝 Sintra 等。

## GL8 为什么能一鸣惊人？

在 GL8 之前，国内公务车市场上的主要产品还是采用 20 世纪 80 年代技术的日系轻型客车。相比这些产品，GL8 的舒适性和豪华感都遥遥领先。

## GL8 开创了什么道路？

从 GL8 到随后的君威、君越，别克在中国依托上海泛亚汽车技术中心，开创了一条由中国市场定义合资品牌的本土化道路。

# 别克车
## 进入中国有多早？
### 溥仪、孙中山、张学良都曾是别克车主

| 美国三大汽车巨头在中国建立合资公司的时间 | | | | |
|---|---|---|---|---|
| CHRYSLER | 克莱斯勒 | 北京吉普 | 1985 | 首款国产车型 Jeep 切诺基 |
| GM | 通用 | 上海通用 | 1999 | 首款国产车型 别克新世纪 |
| Ford | 福特 | 长安福特 | 2001 | 首款国产车型 福特嘉年华 |

不少国产历史题材影视剧中都有"大别克"的身影。这个有120年历史的品牌其实很早就进入了中国。国内首家别克经销店，在1924年由刘子山创办，位于青岛冠县路。1935年，别克已经在国内25个城市建立了经销商网络，5年后又开设了8个流动维修站。

1924年，清朝末代皇帝溥仪花费3000多块大洋从北京亨茂洋行买下了一台从底特律定制的别克轿车，成为别克的第一位中国车主。从那以后，别克车逐渐成为中国政界要人和商贾名流的首选座驾，孙中山、张学良等人都曾是别克车主。

## 通用合资踩过什么坑？
### 第一次合资就水土不服

上汽与通用汽车联姻于1997年，上汽当时获得了投产新轿车项目的机会，与通用汽车一拍即合。几经谈判，双方从通用汽车的众多品牌中选择了别克，一方面是考虑到别克的豪华定位符合当时高速发展的中国汽车消费市场的需求，另一方面则源于别克早在20世纪20年代就进入中国，可谓通用旗下最有"中国缘"的品牌。

20世纪90年代，除上汽外，通用汽车其实还有一家中国合作伙伴——沈阳金杯客车公司，双方成立的合资公司名为金杯通用。21世纪初，金杯通用引进投产的首款车型是雪佛兰开拓者SUV和同平台的皮卡。这一代国产开拓者是开拓者车系的第二代产品，外观造型采用了相对收敛的南美版车型的设计。然而，由于开拓者在当时的国内汽车市场"水土不服"，金杯通用一直处于亏损状态，最终在2004年破产重组，工厂由上海通用接收，用于生产GL8。

### 君威

别克在中国生产的第一款轿车是新世纪，在它的基础上，上海泛亚汽车技术中心通过修改外观造型打造了君威。相比海外版君威，本土化设计的君威更符合中国消费者的审美需求——大气！

### 英朗

英朗是上汽通用别克推出的一款紧凑型家用轿车,专为中国消费者开发。初代英朗人送外号"小君越"。第二代英朗使用的K平台是泛亚汽车技术中心专门针对中国市场开发的平台。英朗在很长一段时间里都是通用在中国销量最高的车型。

## 别克成功的秘诀是什么?
### 注重本土开发

或许是有金杯通用车型水土不服的教训,或许是有在全球布局多品牌的成功经验,通用汽车进入中国市场后,格外注重本土化,1997年就成立了泛亚汽车技术中心,这是国内首家合资专业汽车设计开发中心。

第二代 GL8 是完全由中国团队开发的车型,从一定程度上讲就是一台中国车,它几乎重新定义了中国的商务出行市场,更是在 MPV 市场形成了支配性地位。由于造型设计饱满,它被车迷们戏称为"胖头鱼"。

| 世界上还有哪些经典 MPV? | | | |
|---|---|---|---|
| | 雷诺太空 | 法国 | 奠定了当今 MPV 的雏形 |
| | 克莱斯勒大捷龙 | 美国 | 早期被划入小型厢式车(Mini Van)范畴,如今美国市场最畅销的 MPV |
| | 本田奥德赛 | 日本 | 迄今为止设计最成功的家用 MPV 之一,在中国还有孪生兄弟艾力绅 |

## 上汽通用还为中国市场开发了哪些车型?
### 君威、君越、英朗

上汽通用在中国的本土开发能力,有四个成长阶段。第一个阶段的代表作是赛欧和君威,由泛亚以海外成熟车型为基础,通过小幅修改外观发展而来。第二个阶段的代表作是君越和 GL8 陆尊,由泛亚以海外平台为基础,通过完整的内外饰设计发展而来,完全服务于中国市场。第三个阶段,由第二代君越开启,中国团队开始主导部分造型设计工作,产品不仅面向中国市场,还输出海外市场。第四个阶段,由第二代英朗开启,中国团队不仅主导了造型设计工作,还主导了车型平台的开发工作。

别克品牌的成功,让通用放开手脚,逐步加大了对中国市场的投入,先后引入雪佛兰、凯迪拉克两个不同定位的品牌。这两个品牌,也在不断复制别克的本土化产品开发模式。比如雪佛兰都市 SUV 星迈罗、凯迪拉克轿跑 SUV GT4,都是由中国团队主导开发的车型。代表通用汽车未来的奥特能平台,背后也有中国研发团队的深度参与。中国的研发力量,已经是通用全球研发体系中不可或缺的一环。

20 世纪 90 年代初，中国私家车市场进入了萌芽期。由于消费能力有限，大多数人的第一选择往往是便宜、小巧的微型车。1994 年国产的铃木奥拓（Alto），是很多中国家庭开启汽车生活的起点。

# 长安铃木奥拓
# 1994

# 时代背景

**4月1日**

《焦点访谈》栏目在央视一套首播。

**4月**

中国科学院高能物理研究所建立我国第一台互联网服务器并上线网站，网站域名为www.ihep.ac.cn。

### 奥拓是一款怎样的车？

奥拓在日本定位于 K-Car，而在我国则定位于微型车。尽管它的车长只有 3200 毫米，但也可以乘坐 4 个成年人。日本市场主销的是 3 门版奥拓，而我国市场销售的都是 5 门版。

### "Alto"这个名字有什么含义？

Alto 是一个意大利文单词，有"优秀"的含义，它的发音与 Auto（汽车）这个词很像。

### 奥拓有多便宜？

长安铃木生产的"老奥拓"售价 7.1 万元，是当时为数不多的售价低于 10 万元的汽车。长安铃木还首创了分期付款的购车模式。多年以后由江南汽车生产的奥拓，售价仅 1.98 万元，是当时最便宜的国产车。

### 你还记得快乐王子吗？

2000 年，长安铃木推出了奥拓快乐王子。相比标准版奥拓，快乐王子装有原厂运动套件，但动力系统没有任何升级，因此被戏称为"青蛙王子"。

# 新中国最早一批私家车怎么买?
## 不是想买就能买

新中国最早一批私家车,普遍认为出现于20世纪80年代中期。当时,部分专家、学者、明星开始拥有私家车,但不是你想买就能买,要获得有关部门的特批,而且只能买到机关单位淘汰的二手车,以及少量进口车。

1984年,相关部门通过易货贸易进口了3万多台产自波兰的菲亚特126P微型车,由于它实在太小了,无法担当公务角色,最终都卖给了个人。这可以算作新中国私家车的起点,车迷们都戏称126P为"小皮鞋"。

### 菲亚特126P

意大利菲亚特公司开发的微型车,20世纪70年代开始在波兰生产,尽管发动机排量只有0.6升,但采用了像保时捷一样的后置后驱布局。我国进口的126P售价5000元,笑星朱时茂和陈佩斯都曾是它的车主,陈宝国主演的电影《嗨,菲亚特》更是以它为主角。

| 世界上还有哪些经典家用小车? | | |
| --- | --- | --- |
| 大众甲壳虫 | 德国 | 源于第二次世界大战时期的经典设计,世界上产量最大的汽车之一 |
| MINI Cooper | 英国 | 英国文化符号之一,憨豆先生的座驾 |
| 菲亚特500 | 意大利 | 昵称"小老鼠",意大利汽车文化离不开它 |

## 奥拓为什么这么小?
### 因为日本有个特殊政策

奥拓在日本归类为K-Car,意为"轻自动车",这类车是日本独特汽车政策下的产物,它们的车身尺寸受法律的严格限制,发动机排气量在660毫升以下,载客数不能多于4人,载货量不能超过350千克,但售价并不便宜,普遍要达到10万元左右人民币。

K-Car在日本已经成为独特的文化符号,生产厂家都会提供丰富的车型配置和附件。这类车在日本常年雄霸汽车销量榜前几位,因为它可以享受大额税费优惠,综合算下来比正常汽车便宜些,买它最大的优势是不用提供车位证明(在日本购买正常汽车是必须提供车位证明的)。

### 昌河铃木北斗星

北斗星实际上是昌河引进生产的铃木 Wagon R+，它在日本也是最火微型车之一。当年凭借通用汽车的关系，这款车还挂着欧宝车标卖到了欧洲。更神奇的是，挂欧宝车标的"北斗星"一度以"欧捷利"之名返销国内，售价是国产版的三倍！

## 比亚迪的前身竟然是奥拓？

### 小奥拓孵化了四家企业

奥拓当年是由重庆长安汽车的母公司中国兵器工业总公司引进的，之后安排给旗下四家军工厂同时生产。除重庆长安生产的长安奥拓外，还有西安秦川奥拓、湘潭江南奥拓和吉林江北奥拓。

其中，重庆长安发展最好，如今已经是自主品牌的中坚。西安秦川在奥拓基础上开发出福莱尔车型，后来比亚迪收购了秦川，继续生产福莱尔。湘潭江南是众泰汽车的前身。吉林江北存在感最弱，早已后继无人。

| 2000 年时的畅销微型车卖多少钱？ | | |
|---|---|---|
| 都市贝贝 | 奥拓基本型 | 57900 元 |
| 快乐王子 | 奥拓高配型 | 62900 元 |
| 吉利豪情 | 原型车是天津大发夏利 | 61800 元 |

## 当年还有哪些有趣的微型车？

### 有一款车如今还在生产

贵州航空工业集团曾与斯巴鲁合资生产过斯巴鲁 Rex 车型，国产版本叫贵航云雀 WOW。1992 年，贵航就开始用进口散件形式（CKD）组装这款小车，它也是迄今为止唯一一款国产斯巴鲁车型。上汽通用曾挂雪佛兰车标生产过大宇 Matiz，国内名为乐驰（Spark），它是奇瑞 QQ 的参考原型，两家公司还为此打过官司。

产量最大的合资品牌微型车要数昌河铃木北斗星，方方正正的盒子造型赋予它强大的实用性。直到 2023 年，你还能买到全新的北斗星！2009 年，在"老奥拓"停产一年后，长安铃木还引进生产过全新奥拓（日本市场的第七代奥拓），可惜那时的微型车市场已经不复昔日风光。

# 14

2000 年，中国私家车市场开始爆发式增长，当年诞生的别克赛欧（Sail）开辟了一个全新的细分市场——10 万元家庭轿车。至今，10 万元家庭轿车依然是中国人首次购车时的热门选择。

## 上海通用别克赛欧
## 2000

## 时代背景

**11月7日**

周杰伦发布第一张个人专辑《Jay》。

**12月18日**

京沪高速公路（G2）全线贯通。

### 赛欧是一款怎样的车？

赛欧的原型车是欧宝 Corsa，这款小型车在欧洲市场红极一时。三厢版 Corsa 其实来自巴西通用，在海外市场都挂雪佛兰车标，只在中国市场挂别克车标。

### "Sail"这个名字有什么含义？

Sail 这个词来自英文，本意是航行，寓意"赛欧"像一只小船，正扬起风帆，乘风破浪，驶向广阔的家用轿车市场。

### 赛欧还有过旅行版？

最初的赛欧只有三厢版一种选择，上市一年后，也就是 2001 年 11 月，上海通用推出了赛欧的旅行版，名为赛欧 S-RV。

### 赛欧为什么会换车标？

赛欧最初挂的是别克车标，但别克在通用汽车的品牌定位中属于豪华品牌，这多少与赛欧的定位有些冲突。于是，2005 年 2 月 21 日，上海通用在引入平民定位的雪佛兰品牌后，就给赛欧换上了"金领结"车标。

# 私家车是
# 怎样走入中国千家万户的？

## 10 万元家庭轿车推动
## 私家车高速发展

| 2000 年时 10 万元还能买什么车? | | |
|---|---|---|
| | 长安之星 | 长安引入铃木技术生产的高端微型厢式客货车（微面），高配版售价 9.9 万元 |
| Jeep | 切诺基 | 已经生产 15 年的切诺基，10 万元能买到入门版 |
| | 奇瑞风云 | 源于西亚特 Toledo，10 万元可以买到中配版 |

2001 年的中国，处于经济腾飞之初。这一年，随着我们加入世界贸易组织，一方面买车对于更多家庭来说成为可能，另一方面海外车企纷纷涌入，为国内汽车市场注入了活力。

到 2003 年，我国私人购车占比首次超过 50%，私家车逐渐成为市场主流。私家车的高速发展，也催生了一系列经典家用轿车。这一阶段，10 万元左右的小排量小型轿车是个人消费者的首选。

## 一个既熟悉又陌生的品牌
## 欧宝的中国故事

虽然挂着美国别克车标，但赛欧实际上是一款欧洲车。在通用汽车主导下，不少欧宝车型都挂着雪佛兰、别克等车标销往欧洲以外的市场，比如国产第二代君威就是欧宝英速亚（Insignia）。

欧宝品牌曾两次进入中国，第一次是在 20 世纪 90 年代，进口过威达（Vectra）等轿车，第二次是在 21 世纪初，只引进了一些小众冷门的旅行车和 MPV，比如雅特（Astra）和赛飞利（Zafira）。

### 别克凯越旅行车

旅行车是一种风靡欧洲的车型，它大多基于轿车开发，但拥有更充裕的行李舱空间。早在二十年前，上海通用就凭借雪佛兰赛欧 S-RV 和别克凯越旅行车两款不同定位的旅行车，在国内掀起了一股"旅行风潮"。

#### 起亚千里马

起亚千里马是二十年前最流行的小型三厢轿车之一，它的原型车是起亚 RIO。生产起亚千里马的车企名为"东风·悦达·起亚"，将三个合资方都写进企业名称里很少见。如今，东风汽车公司已经退出这家合资企业，由韩国起亚株式会社与江苏悦达公司各占 50% 股份。

## 别克的经典家用车只有赛欧吗？
### 还有凯越

从 2000 年到 2002 年，上海通用别克在中国市场全面开花，"小别克"赛欧和"大别克"君威双双成功后，又乘胜推出了定位介于两者之间的凯越。凯越的原型车是韩国大宇 Lacetti，造型设计上很讨亚洲消费者喜爱，当时大宇也是通用旗下的品牌。

从 2003 年上市到 2016 年停产，凯越、凯越 HRV 和凯越旅行车组成的凯越家族，一共销售了 268 万台。凯越的后继者就是今天我们熟悉的别克英朗。

## 10 万元家轿还有哪些经典产品？
### 夏利 2000 与起亚千里马

"10 万元家轿"概念深入人心后，国内市场上出现了不少经典产品。比如夏利 2000，它由天津汽车工业集团公司与日本丰田汽车公司联合开发，是丰田 NBC 系列车型 Platz 的国产版本。它名字里有"2000"，也确实是 2000 年上市的。

2002 年国产的起亚千里马，引领了中国车坛最早的"韩流"，上市初期定价只有 10 万元，随后更是降价到 8 万元。由于物美价廉，外观造型也圆润耐看，它成为 21 世纪初国内街头能见度最高的 10 万元家轿之一。

| 如今 10 万元能买什么车？ | | |
|---|---|---|
| VW | 大众朗逸 | 如今合资品牌轿车的入门产品，售价不到 10 万元 |
| JETOUR | 捷途 X70 | 配置丰富、空间巨大的国产 SUV |
| BYD | 比亚迪秦 PLUS 冠军版 | 只要 9.98 万元，国产混合动力轿车开回家 |

# 15

2000 年后,神州大地掀起一股"韩流"。韩国流行音乐、韩国电视剧分别占据了年轻人和中年人的娱乐生活。彼时的韩国汽车代表伊兰特(Elantra),是中国家用轿车"新三样"中的一员,带领中国家用轿车走向了紧凑型时代。

## 北京现代伊兰特
## 2003

# 时代背景

**5月10日**

淘宝网正式上线。

**6月1日**

三峡大坝开始蓄水。

### 伊兰特是一款怎样的车?

伊兰特定位于紧凑型轿车,第一代车型发布于20世纪90年代。初代国产伊兰特已经是这一车系的第三代产品。其实,第一代伊兰特就曾以进口车的身份在国内风靡一时。

### "Elantra"这个名字有什么含义?

Elantra是一个由法文单词"élan"(飞跃、热情)与英文单词"transport"(运输)组合而成的合成词,中韩双方最初拟定的中文名其实是"依兰特"。

### 第三代伊兰特有多长寿?

2000年诞生、2003年国产的第三代伊兰特,一直到2012年才完全停产。最后一批车型是专供出租车市场的压缩天然气(CNG)车型。

### 什么是"北现速度"?

自2002年5月28日北汽集团与现代汽车集团签署合作协议,到同年10月18日北京现代成立,再到同年12月23日第一台索纳塔轿车在北京现代顺义第一工厂下线,仅历时200余天。

## 从小型车到紧凑型车

### 这三款车开启了
### 中国家用轿车"新三样"时代

初代国产伊兰特上市时,国内合资家用轿车市场正处于新旧产品更替的阶段。当时的市场上还有很多"老面孔",比如桑塔纳、捷达和富康。从2002年到2003年,随着海南马自达福美来、上海通用别克凯越和北京现代伊兰特相继上市,中国家用轿车市场迎来了"新三样"时代。

配置丰富、性价比突出的初代国产伊兰特迅速在市场上建立起优势,2004年,上市仅一年,它的累计销量就突破了10万台,在同级车市场中占据了19%的份额,年底更是荣膺国内年度单一轿车车型销量冠军。

| 历代伊兰特都用了哪些中文名? | | |
|---|---|---|
| 2008 | 第四代—悦动 | 第四代车型上市时,第三代并未停产 |
| 2012 | 第五代—朗动 | 第五代车型上市时,第三代仍在生产 |
| 2016 | 第六代—领动 | 第六代车型上市时,第三代终于停产 |
| 2020 | 第七代—重拾伊兰特 | 现款在售车型,返璞归真 |

### 你还记得
### 北京伊兰特出租车吗?

#### 外观涂装设计
#### 来自清华美院

2005年,作为迎接奥运会的城市更新项目的一部分,北京出租车开启大规模换代,北京现代成为主要供应商。除去少部分索纳塔高级出租车外,主力车型就是采用全新奥运涂装的伊兰特。

伊兰特出租车的外观涂装方案由清华美院设计,春绿、夏红、秋碧、冬紫、南赤、西白一共六种车身配色各有寓意。伴随着奥运会的召开,伊兰特出租车也成了北京街头一道靓丽的风景线。

#### 索纳塔

第六代索纳塔是北京现代投产的第一款产品,定位高于伊兰特,属于中型三厢轿车。它有着"复古"风格的外观造型,辨识度极高的"花生"形前照灯。据报道,第一批量产北现索纳塔还没有下线时,就已经被预购一空。

## 韩系车
## 在中国为什么红极一时？
### 这一招被自主品牌学会了

韩系车当时的打法和后来自主品牌的打法十分相似：主打性价比。那时的韩系车普遍配置高、价格低。北京现代生产的第五代索纳塔，与同是中型车的雅阁、帕萨特相比，售价低了 3 万 ~5 万元。在 SUV 市场，韩系车同样无往不利，现代途胜和起亚速跑都是销量榜上的常客。

然而，性价比突出的特点也让韩系车被贴上了"不上档次"的标签。后来，随着日系车不断降价和自主品牌崛起，更新迟缓的韩系车逐渐失去了竞争力。不过，在全球其他市场，没有中国品牌压力的韩系车仍然能凭借性价比优势叱咤风云。

### 福美来

2000 年后的家用轿车"新三样"之一，海南马自达是马自达在中国成立的第一家合资企业，还生产过紧凑型 MPV 普力马。其实这家企业的历史可以追溯到 20 世纪 90 年代，但当时的海南马自达车型只能在海南岛内销售。

## 那些年还有哪些家用轿车？
### 从"老三样"到"新三样"

早期国产家用轿车有"老三样"之称，分别指捷达、桑塔纳、富康，而"新三样"则是指伊兰特、福美来、凯越。"新三样"的共同特点是都来自合资品牌，都是紧凑型三厢轿车，它们是二十年前中国私家车消费市场的中坚。

"新三样"中的福美来上市最早（2002 年），原型车是第八代马自达 323（在日本国内名为 Familia），到 2004 年累计销量也突破了 10 万台，它的后代就是我们熟知的马自达 3（在中国和日本市场名为 Axela/ 昂克赛拉）。

| 韩国有哪些知名汽车企业？ | | |
|---|---|---|
| | 现代 – 起亚 | 韩国汽车巨头，旗下有现代、起亚、捷尼赛思等品牌 |
| | 双龙 | 主要生产越野车，如今归属印度马恒达公司 |
| | 三星 | 韩国三星集团旗下的汽车部门，主要生产换标版雷诺、日产车型 |

如今，一个家庭在选择第一台车时首先会考虑什么车型？不分国界，这个问题的答案几乎都是 SUV。在中国，紧凑型 SUV 市场是最火热的市场。而将 SUV 与万千家庭联系到一起，引领 SUV 风潮的，正是本田 CR-V。

# 东风本田 CR-V
# 2004

# 时代背景

**8月7日**

在第13届亚洲杯足球赛决赛中,中国队憾负日本队,屈居亚军。

**9月24日**

首届世界一级方程式锦标赛中国大奖赛在上海举行。

### CR-V 是一款怎样的车?

CR-V 是20世纪90年代末兴起的城市紧凑型 SUV 的代表作。它的特点是采用了同级别的轿车平台,不注重越野能力,更注重乘载空间与舒适性。

### CR-V 这个名字有什么含义?

CR-V 是 Comfortable Runabout-Vehicle 的缩写,其中,R-V 代表轻型乘用车,Comfortable 代表"无论何时、无论何地都能轻松、愉快驾驶"的理念。

### CR-V 有什么有趣的配置?

初代国产 CR-V 拥有丰富的储物空间,原厂附带一张可收纳在行李舱里的折叠小桌。这张小桌折叠时可以充当备胎盖板,展开后就是实用的露营工具。

### 为什么说 CR-V 是超值之选?

初代国产 CR-V 全系标配四驱系统!尽管动力方面最初仅有2.0升排量汽油机一个选项,但它在通过性上已经能傲视如今的小排量前驱 SUV 了。

# 城市 SUV
# 为什么持续火爆?
## 属于 SUV 的时代

城市 SUV 刚刚诞生时,舆论对它并不看好。在很多人看来,它既没有硬派越野车的通过性,也没有轿车的舒适性,定位很尴尬。但如今,城市 SUV 已经成为全球最热门的车型,几乎取代了传统轿车的地位。

换个视角看,城市 SUV "大而全",拥有比轿车更好的实用性和比越野车更好的舒适性。在中国市场,它带来的多功能性,对于"一家只有一台车"且希望"一车多能"的消费者而言有极大的吸引力。此外,相比中型轿车更低的售价,也让它成为理性汽车消费时代更适合家庭用户的选择。

| 一句话了解本田 R-V 家族 | | |
|---|---|---|
| BR-V | 小型 SUV | 飞度平台,仅在东南亚市场销售的廉价 SUV |
| HR-V | 小型 SUV | 定位稍高于 BR-V,国内叫 XR-V/缤智 |
| ZR-V | 紧凑型 SUV | 2022 年新品,在美国用于取代 HR-V,在中国叫 HR-V/致在 |
| CR-V | 紧凑型 SUV | 本田 SUV 产品的"顶梁柱",在中国有个兄弟车型叫皓影 |
| UR-V | 中型 SUV | 专为中国市场开发的大五座 SUV,兄弟车型叫冠道 |

# CR-V 的竞争对手
# 都有谁?
## 从一枝独秀到全面混战

初代国产 CR-V 入市的前几年,一直处于一枝独秀的状态。2008 年,东风日产推出了国产奇骏,CR-V 在国内市场终于有了旗鼓相当的对手。次年,本田在全球范围内最重要的对手——丰田,才将 RAV4 引入国内。中国城市 SUV 市场由此进入日系三强混战的阶段。

2010 年,上汽大众将途观(Tiguan)引入国内,打破了城市 SUV 市场几乎被日系垄断的局面。此后,各大车企都将 SUV 市场视为核心市场,先后涌现出长安福特翼虎、上汽通用别克昂科威等畅销车型。

### 国产三代丰田 RAV4

国产 RAV4 至今一共有三代车型,在第二代改款时,才有了中文名"荣放"。将三代 RAV4 摆到一起,不难看出这些年来丰田的造型设计风格变化趋势,从圆润变得更为刚劲。

## 上汽大众途观

途观最早以进口形式进入国内,它内饰设计的标志性特征是有8个圆形空调出风口。国产后的途观加长了轴距,引领了合资SUV"加码"的风潮。换代成途观L后,它实际上变成了一款中型SUV。

## CR-V 还有一场官司?
### 中国汽车"山寨"第一案

早在 CR-V 国产前,石家庄双环汽车公司就推出了在外观造型上与 CR-V 几乎一模一样的来宝 SR-V 车型。于是,2003 年,本田以侵犯外观专利为由,将双环告上法庭。出人意料的是,由于本田在专利申请上的一些疏忽,法院最终判决本田倒赔双环人民币1600 万元。

本田虽然败诉,但双环来宝 SR-V 也因为被限制销售而早早退出了市场。此后,中国车企与海外车企又为外观专利打了无数场官司。如今,大多数自主品牌车企都已经走出了模仿学习的阶段,无论在造型设计还是技术研发上,都进入了自主创新阶段,因此类似的专利纠纷只会越来越少。

## CR-V 最大的竞争对手是谁?
### 死对头:丰田 RAV4

在全球范围内,丰田 RAV4 都是 CR-V 最强大的对手。RAV4 是城市 SUV 的鼻祖,是最早基于轿车平台打造的 SUV 之一。它曾经连续多年问鼎世界 SUV 销量排行榜,个别年份甚至是全球销量最高的车型。

RAV4 最早以进口方式引入国内,2009 年由一汽丰田国产第三代车型。2012 年有了中文名"荣放"。荣放还有一款由广汽丰田生产的孪生车型"威兰达"。荣放和威兰达的销量算在一起是远超 CR-V 的。

| 同时期还有哪些经典城市 SUV? | | |
|---|---|---|
| Ford | 长安福特翼虎 | 巅峰时期,翼虎的月销量达到了 16068 台,名列紧凑型 SUV 销量榜首位 |
| NISSAN | 东风日产奇骏 | 连续 3 年夺得全球 SUV 销量冠军,在国内也 3 年蝉联日系 SUV 销量冠军 |
| | 斯巴鲁森林人 | 曾经最火的进口紧凑型 SUV,拥有比同级车型更强的越野能力 |

# 17

流水的轿车销量榜，铁打的朗逸（Lavida）。从 2008 年上市开始，朗逸一直稳居中国轿车销量榜前十位。它是第一款由合资车企专门为中国消费者打造的家用车，一款懂中国的车，自然在中国卖得好。

## 上海大众朗逸
## 2008

# 时代背景

**8月8日**
北京奥运会开幕。

**9月27日**
"神舟七号"航天员翟志刚完成中国人的首次太空行走。

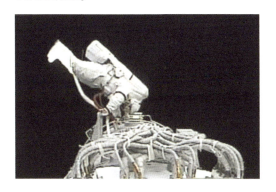

### 朗逸是一款怎样的车？

朗逸属于紧凑型家用轿车，基于大众 PQ34L 平台开发。在大众的轿车产品线中，朗逸的定位高于新桑塔纳、低于凌渡。

### "Lavida"这个名字有什么含义？

Lavida 一词来自西班牙文，意为生命、生活。中文名朗逸中的"朗"代表了明朗、流畅的造型设计风格，"逸"代表了洒脱飘逸的驾乘感受。

### 朗逸还有特别版？

2010 年，上海大众推出了朗逸运动版车型，它拥有原厂外观运动套件，专属的红黑搭配内饰配色，发动机升级为 1.4 升排量涡轮增压汽油机（普通版是 1.6 升或 2.0 升排量自然吸气汽油机），零百加速时间只要 9 秒。

### 朗逸真的是"中国特供"吗？

尽管是专为中国市场开发的车型，但朗逸也曾出口海外市场，比如第二代朗逸，就随凌渡、桑塔纳等诸多上海大众生产的车型，一起出口到菲律宾等东南亚市场。

## 朗逸是中国人设计的大众车？
### 开启家用车"德味儿"时代

朗逸的开发、设计工作全部由上海大众完成，使用在 PQ34 平台基础上升级而来的 PQ34L 平台，加长了轴距，前置前驱布局，前悬架为麦弗逊式，后悬架为扭力梁式。得益于此，朗逸有着越级的大空间和不错的舒适性，这些都是它成功的核心要素。

朗逸的造型设计由中国设计师邵景峰操刀，采用了在 2006 年北京国际车展上首发的哪吒（NEEZA）概念车的设计元素。它的外观、内饰都大量采用中国消费者喜欢的圆形元素，内饰配色则采用了暖色调。凭借对中国市场的深入理解，朗逸上市后迅速跻身轿车销量榜前列。

| 大众品牌合资家用轿车有哪些？ | | | |
|---|---|---|---|
| | 低 | 中 | 高 |
| 一汽-大众 | 新捷达 | 宝来 | 速腾 |
| 上汽大众 | 新桑塔纳 | 朗逸 | 凌渡 |

## 朗逸发展得怎么样？
### 从单一车型到家族化

第二代朗逸发布于 2012 年，相比第一代车型，整个车身结构都进行了调整，设计上也融入了更多当时的流行元素。第三代朗逸于 2018 年以朗逸 Plus 的名义亮相，换用大众 MQB 平台，有了脱胎换骨的变化。

在第二代朗逸的生命周期里，朗逸从单一车型发展为家族化车型，包含偏向旅行车风格的两厢版——朗行，以及在朗行基础上加强通过性的跨界版——朗境。

### 宝来

初代一汽-大众宝来实际上是海外的第四代捷达（Jetta）。在美国市场它叫 Jetta，而在欧洲市场叫 Bora，"宝来"这个中文名就对应 Bora 一词。宝来国产时，国产的第二代捷达还没有停产，直到海外的第五代捷达以"速腾"的名义国产时，它才正式停产。

## 新宝来和朗逸是什么关系?
### 南北大众孪生兄弟

上海大众的朗逸上市半年后,2008年10月,一汽-大众发布了一款由中德联合团队历时3年8个月开发的车型——新宝来。新宝来和朗逸是同平台车型,但外观造型更多融入了德方工程师、设计师的理念,更有大众家族感,与朗逸差别明显。

朗逸和新宝来开创了大众在南北两家合资企业投产同一级别孪生车型的先河,打破了此前"同门兄弟"错位竞争的格局。2018年一同升级到大众的MQB平台后,朗逸与新宝来的设计差异越来越小。两型车至今仍是大众品牌家用轿车的销量担当。

### 速腾

国产速腾的真实身份比较复杂,它的"直系"原型是大众当年在北美市场推出的第五代捷达,而所谓的第五代捷达,实际上是同期的第五代高尔夫的三厢版。因此,也可以说国产速腾是第五代高尔夫的衍生车型。速腾的英文名 Satigar 源于拉丁文单词 Sagittarius,意为人马座/射手座。

## 大众还有哪些经典家用车?
### 总有一款你认识

大众作为在中国市场最成功的合资品牌之一,推出了不少经典家用车。其中,老捷达作为"老三样"之一,从1991年在一汽-大众下线,到2012年才停产。还有高尔夫,至今发展到第八代,自第六代开始正式由一汽-大众国产,是当年的紧凑型两厢车标杆。

2006年国产的速腾,则开启了大众家用车的高端产品线,定位高于同期的宝来,两者共同征战紧凑型市场。号称"宽体奢适轿跑"的凌渡,是专为中国市场开发的车型,也是诞生自MQB平台的首款国产车型。

| 如今还有哪些车是中国市场"特供"? | | |
|---|---|---|
| 丰田 | 一汽丰田亚洲狮 | 日系品牌中少有的专为中国市场开发的车型,与卡罗拉同平台 |
| 马自达 | 一汽马自达CX-4 | 这款号称"最美马自达"的SUV,专利甚至都掌握在一汽手里 |
| 本田 | 广汽本田冠道 | 连平台都专供中国市场,同平台的只有东风本田的姊妹车型UR-V |

汽车里的中国故事

第三章

# 中国自主汽车品牌崛起

## Chapter Three

2023年，中国汽车工业迎来了一个里程碑：自主汽车品牌产品的市场占有率首次突破50%。而一年前，比亚迪刚刚超越一众合资车企，成为中国汽车市场的销量冠军。

目前，中国汽车市场销量排名前五位的自主汽车品牌分别是比亚迪、吉利、长安、奇瑞和长城。这五家企业的创业与发展故事，正是中国汽车工业腾飞的缩影。

## 诞生在芜湖的奇瑞

自黄浦江入海口溯源而上，进安徽界是马鞍山，过马鞍山便是芜湖。《左传·襄公三年》有言："楚子重伐吴，克鸠兹。"其中的"鸠兹"就是芜湖。汉武帝泰山封禅的第二年，鸠兹更名芜湖。如此算来，这座城市至今已经有2100余年历史。古时，芜湖兴商贸，纺织业尤为繁盛。明代宋应星所著《天工开物》中有"织造尚淞江，浆染尚芜湖"之说。1876年，清政府被迫与英国签订不平等条约《烟台条约》后，芜湖逐渐发展成为近代中国重要的通商口岸。

新中国成立后，原本缺乏重工业基础的芜湖，响应国家号召开启了第一次造车尝试。1958年，芜湖江南汽车修理厂成功打造出"江南"牌三轮汽车。这台汽车在当年的国庆成就展上与"红旗"牌轿车和"上海"牌轿车同台亮相。然而，由于种种原因，"江南"牌汽车最终并没有像一汽"红旗"那样修成正果。

进入20世纪90年代，我国汽车工业走上发展快车道，芜湖又开启了第二次造车尝试。当地政府先是引进了一家名为通宝的汽车企业，主要生产微型厢式客货车，随后又与一汽合资创建了扬子汽车底盘厂，主要生产皮卡。但这两家企业都没能步入发展正轨。此时，一位至关重要的人物出现了，他叫尹同跃，是芜湖本地人，而立之年便出任一汽-大众汽车公司总装车间主任兼物流科科长，可谓年轻有为。在家乡人的感召下，他毅然辞别一汽，回乡创业……

第一台驶下生产线的奇瑞风云轿车

## 诞生在台州的吉利

台州这座浙江沿海城市，北邻宁波，南倚温州。与中国南方众多沿海城市一样，台州三面环山，一面临海，自古以来，兴渔盐之利，行舟楫之便。

20世纪60年代，国家推动渔民上岸就业，台州开始出现大大小小的工厂，其中，涉及汽车零配件制造业的工厂发展最好。改革开放后，台州凭借临海优势迎来了汽车和摩托车零配件出海的机遇，逐渐将制造业打造为支柱产业。到20世纪90年代，台州已经成为全国闻名的汽摩零配件制造产业基地。

李书福，是乘着改革开放春风成长起来的台州民营企业家，他从经营照相馆开始走上创业路，先是在家电零配件行业小有所成，随后借助家乡的汽摩配件制造产业优势，成功进军摩托车制造业。凭借制造摩托车积累的资本，他又将目光投向了方兴未艾的汽车制造业……

比亚迪在2004年北京国际车展上展出的福莱尔Hybri-S混合动力轿车

## 诞生在深圳的比亚迪

对出生在20世纪七八十年代的中国人而言，深圳的故事耳熟能详，作为中国改革开放的重要窗口和新兴移民城市，这里孕育着理想与希望。就自然地理条件而言，面积仅有不到2000平方公里的深圳并不适合发展汽车工业，但它却是谈及中国汽车时无法绕开的城市。

1994年，一位名叫王传福的创业者，辞去科研院的工作，胸怀理想与信念来到深圳，创办比亚迪公司，扎根电池制造业。仅十年时间，比亚迪便发展成为全球第二大充电电池供应商。进入21世纪，王传福敏锐地意识到，飞速发展的锂离子电池技术，或许将给汽车产业带来革命性变化……

第一台驶下生产线的吉利豪情轿车

## 诞生在重庆的长安

重庆地处长江上游,是长江航运的起点,有3000余年建城史。自清末开埠,到抗日战争时期国民政府迁都,重庆逐渐发展成为近代中国大后方的政治、经济和军事中心。彼时,沿海工业企业大举内迁,张之洞创办的汉阳钢铁厂、李鸿章创建的上海洋炮局等企业相继落户重庆,使重庆成为军工重镇。到新中国成立时,重庆尚保有大型军工企业7家,主要生产各类弹药、枪械和火炮。

1958年,由上海洋炮局演变而来的国营长安机器制造厂,按照国家提出的"军民结合,学会两套本领"指导方针,打造出新中国第一款越野车——长江46。改革开放后,重庆的众多军工企业又在国家号召下进军民用品制造业。长安厂结合自身优势开始向整车制造企业转型,通过与铃木等国外企业合作,逐步在国内民用车市场站稳了脚。进入20世纪90年代,经过一系列资本运作,长安厂最终演变为重庆长安汽车公司,开启了"以我为主,自主研发"的创业之路……

长安厂打造的新中国第一款越野车长江46

## 诞生在保定的长城

保定古称保州,元朝至元十二年(1275年),改顺天路为保定路,取"保卫大都,安定天下"之意,"保定"之名由此而来。20世纪30—60年代,保定曾长期作为河北省省会,工商业发达。

新中国成立后,人民政府在日伪时期建成的汽车修配厂基础上,成立了"保定汽车保养厂"。1958年,厂里的工人师傅们在没有图纸和机器设备的情况下,靠敲敲打打造出了"飞跃"牌三轮货车。这一年成为保定的"造车元年"。

改革开放后,京津冀地区成为轻型汽车生产基地,保定迎来了汽车工业的大发展。1984年,一家名为长城的汽车制造厂在保定南郊的南大园乡悄然成立。六年后,爱车如命的保定青年魏建军接手长城汽车厂,从生产皮卡开始,一步步让这家乡镇小厂发展成为汽车年销量百万辆级的全球化智能科技企业……

第一台驶下生产线的长城迪尔皮卡

奇瑞是第一个年销量突破百万台的中国自主汽车品牌，连续二十年稳居中国品牌乘用车出口量第一位。奇瑞的发展历程曲折多舛，留给我们不少值得铭记的片段。故事的起点是1999年12月18日，这一天，第一台奇瑞汽车——风云驶下生产线。

# 奇瑞风云
# 1999

# 时代背景

### 12月15日
冯小刚执导的喜剧电影《没完没了》上映。

### 12月20日
澳门回归祖国。

### 奇瑞风云是一款怎样的车？
风云是一款紧凑型三厢轿车，它的原型车是西班牙西亚特Toledo，这款车的外观造型由设计大师乔治亚罗主导设计，平台架构和核心技术来自我们熟悉的第二代捷达（初代国产捷达）。

### "奇瑞"这个名字有什么含义？
"奇瑞"两个字中，"奇"取"特别"的含义，而"瑞"取"吉祥"的含义。奇瑞的英文品牌名"Chery"源于英文单词"Cheery"，意为"愉快的，活泼的"，与"吉祥"相呼应。

### 奇瑞风云有什么技术亮点？
奇瑞风云的发动机是奇瑞自主生产的！早在造车前，奇瑞就从英国威尔士买来一条旧的福特汽车发动机生产线。奇瑞是最早掌握发动机生产技术的自主汽车品牌，在技术上有深厚的积淀。

### 奇瑞风云当年卖得有多火？
风云2001年年初在全国范围正式上市，当年就卖出2.8万台。第二年销量进一步攀升到5万台，使奇瑞跻身全国八大汽车品牌之列。

## 奇瑞是一家怎样的企业?

### 缺人缺钱,艰难起步

奇瑞是一家位于安徽省芜湖市的地方国企。20世纪90年代,芜湖市政府敏锐地意识到国内汽车产业即将迎来高速发展,1995年就开始筹备汽车生产项目。1997年,奇瑞在起步阶段遇到的困难一个接一个。没有专业造车人才,就从一汽挖来老乡尹同跃,缺少资金,就想方设法开源节流。

奇瑞创业的第一步是制造发动机,他们从英国买来一条旧的福特发动机生产线。但当时从英国来的技术人员有些"出工不出力",生产线迟迟没能完成组装。奇瑞靠自己人用13个半月时间苦苦摸索,终于解决了组装难题。随后,依靠从西亚特买来的Toledo车型(第二代捷达的姊妹车)技术资料,奇瑞孕育出了风云轿车。

| 1990年代我国汽车产业中的"三大三小"分别指谁? ||
|---|---|
| 三大汽车生产基地 | 一汽、二汽(东风)、上汽 |
| 三小轿车生产点 | 北汽、天汽、广汽 |

## "上汽奇瑞"是什么来头?

### 奇瑞最初只能寄人篱下

当时,国家只批准了"三大三小"共6家企业生产销售轿车。奇瑞虽然是地方国企,但一时无法获得轿车的全国销售资质,生产出的轿车基本上只能在安徽省内销售。最初的一批奇瑞车,就投放到了当地的出租车市场。

无奈之下,奇瑞只能选择"曲线救国",将20%的股权转让给上汽,用这种方式换取全国销售资质。因此,最初的奇瑞汽车,尾巴上都贴着"上汽奇瑞"四个字。在合作到期后,随着国家政策放宽,奇瑞才拿到全国销售资质,在回购了上汽手中的股份后,正式走上自主发展之路。

### 旗云2

奇瑞的风云平台有着旺盛的生命力,直到2010年还在发挥余热,当年上市的旗云2就诞生自风云平台。到2013年旗云2停产,风云平台才彻底退出历史舞台,此时它已经生产了14年。

## 奇瑞出海
## 从什么时候开始?
### 有人想买,奇瑞居然不愿意

奇瑞在创业初期,并没有想过"出海"征战。2001年,一位叙利亚商人在中国看到奇瑞风云后被深深吸引,直接跑到芜湖要跟奇瑞谈合作。对于突然抛来的橄榄枝,产能有限的奇瑞一开始是拒绝的。

奇瑞没答应,可叙利亚商人态度坚决,最终奇瑞"咬牙"批发给他10台风云。这10台风云在叙利亚一抢而空,很快,正规的经销网络就在当地建立起来。到2004年,奇瑞汽车的出口量已经达到3000台。此后近二十年,奇瑞都是中国自主品牌乘用车出口冠军。

### 风云 2

风云2虽然继承了风云之名,但定位与前辈并不一样。它属于小型车,在奇瑞产品序列中的定位只比微型车QQ高一点。风云2在国内的销售状况不算理想,但在海外市场备受欢迎,如今你还能买到基于风云2平台开发的小型SUV瑞虎3x。

## 奇瑞风云
## 发展得怎么样?
### 不断升级,畅销海外

风云上市仅一年,奇瑞就推出了风云Ⅱ代,其实这只是一次升级幅度很小的年度改款。这样"小步快跑"式的换代一直持续到风云Ⅳ代。奇瑞基于风云平台还打造出定位稍高的旗云轿车,它的主要卖点是采用了宝马集团为MINI开发的Tritec发动机。

2005年,风云系列正式停产,但它的平台直到2010年还在发挥余热。2009年,继承风云之名的换代产品——风云2上市,其实它是一款定位低一级的小型车,由于空间过小,在国内市场的口碑不佳。但它后来成为奇瑞走向海外市场的主力,至今你仍然可以在一些国家买到它。

| 2000年时的风云同级车型都有谁? | | | |
|---|---|---|---|
| 日产阳光 | 31万元 | | 一款经典的进口轿车,在如今看来是天价 |
| 一汽-大众捷达 | 12.05万元 | | 这是配置最低、搭载2气门发动机的入门版捷达 |
| 奇瑞风云 | 8.95万元 | | 虽然是入门版,但配置相比进口或合资产品已经很丰富了 |

# 19

中国自主汽车品牌的第一款网红产品是谁？当然是小车之王 QQ。中国市场对一款汽车的最高褒奖，就是用它的名字来指代一类车，QQ 就曾是微型车的代名词。QQ 的走红也标志着奇瑞步入了高速发展阶段，他们的大部分经典车型都诞生在这个阶段。

## 奇瑞 QQ
## 2003

# 时代背景

**8月22日**

我国首条沙漠高速公路——榆靖高速公路建成通车。

**10月15—16日**

"神舟五号"载人飞船成功升空并安全着陆，我国成为世界上第三个独立掌握载人航天技术的国家。

### 奇瑞QQ是一款怎样的车？

QQ是一款典型的微型车，车长只有3564毫米，定位是"年轻人的第一台车"。QQ的宣传主题词是"梦想触手可及"，意思是让刚走入社会的年轻人也能负担得起。

### "QQ"这个名字有什么含义？

奇瑞给这款小车取的名字原本是"小精灵"，但互联网时代的到来，让奇瑞改变了思路，采用了QQ这个更时尚且可爱的名字。腾讯为此还和奇瑞打了一场官司。

### 奇瑞QQ当时有多便宜？

配置最低的入门版QQ售价只有4.98万元，而同级别的三厢合资车那时至少要卖10万元。不过，入门版QQ的配置也确实有些"单薄"：没有防抱死制动系统（ABS），没有车载CD播放器，甚至没有安全气囊。

### 谁设计了可爱的奇瑞QQ？

负责QQ整体开发工作的是沈浩杰，他提出了"中国人能够造出最好最便宜的家庭轿车"的理念。负责奇瑞QQ外观造型设计的是一对父女，父亲名叫钱玉麟，女儿名叫钱玮。

# 奇瑞什么时候开始走向原创？
## 自主发动机和奇瑞 A5

秉持着"技术立企"的核心发展战略，2003年，奇瑞联合奥地利 AVL 公司推出了 18 款发动机，这是当年中国汽车产业界的轰动性事件。如今，奇瑞的技术品牌 ACTECO 仍然是中国自研发动机领域的一面旗帜，拥有自主品牌产品中领先的技术。

在努力修炼发动机技术的同时，奇瑞也开始探索设计创新的道路。2006 年，他们发布了首款全正向开发的车型 A5，搭载具备完全自主知识产权的 ACTECO 系列 1.6 升或 2.0 升排量汽油机。外观敦厚的 A5 堪称奇瑞的功勋车型，在它的基础上先后衍生出旗云 3、奇瑞 E5、瑞麒 G3 等车型。

### 奇瑞 A5

A5 上市后，奇瑞顺势发布了全新的车型命名体系，以 A520 为例，A 代表 A 系列产品，5 代表车型等级，20 代表 2.0 升排量。不过，这套命名体系似乎最终只应用在 A5 车系上，后续的车系都没有采用。A5 平台的寿命不逊于风云平台，诞生自这个平台的 E5 轿车直到 2015 年才停产。

| 奇瑞 QQ 有多少个"分身"？ ||
|---|---|
| 奇瑞 eQ | 利用 QQ 平台打造的纯电动车型 |
| 奇瑞小蚂蚁 | 经典纯电动微型车，最初名为 eQ1 |
| 奇瑞 QQ 冰淇淋 | 奇瑞 2021 年推出的纯电动微型车，对标五菱宏光 MINI EV |

## 这一时期奇瑞还有哪些经典车型？
### 打造"老三样"

QQ 代表了奇瑞发展史上一个重要时代的开端，除它以外，同时期的经典车型还有紧凑型 SUV 瑞虎和中型轿车东方之子。这三款车组成了奇瑞的"老三样"阵容，日后各自发展成奇瑞的重要产品系列。

"老三样"有一个共同点——都是逆向开发而来。QQ 的原型车是大宇 Matiz，瑞虎的原型车是丰田第二代 RAV4，东方之子的原型车是大宇美男爵（Magnus）。逆向开发是当时处于蹒跚学步阶段的大多数中国车企的无奈选择。不过，奇瑞也对这些原型车的造型进行了二次设计，使新车型更符合中国消费者的审美。

## 奇瑞进军欧洲的第一站是哪里？
### 奇瑞的意大利故事

2009年的日内瓦车展迎来了一个崭新的意大利品牌——DR，它实际上是奇瑞为进军欧洲市场推出的一个子品牌。DR品牌的首款产品是以瑞虎3为基础打造的SUV，两者在外观设计上有些许不同。当年不少国内消费者都觉得DR版的瑞虎更好看，因此奇瑞还曾在国内推出DR版瑞虎3。

如今，几乎所有奇瑞旗下的产品都挂着DR车标在意大利销售。2021年，DR品牌在意大利市场销售了7000多台车。除意大利外，DR品牌还有进军其他欧洲国家的计划。品牌当前的主力产品是DR 6.0，也就是国内的瑞虎7。

### DR 3 与瑞虎 3

你能看出这两款车在外观上的区别吗？右边是销售到意大利市场的DR 3，左边是国内消费者熟悉的瑞虎3，当初不少消费者都觉得DR 3更高级。如今，DR品牌旗下的奇瑞车型基本都沿用了这种造型风格。

## 奇瑞QQ发展得怎么样？
### 衍生车型众多，纯电化迎新生

2006年，奇瑞推出了QQ的改款车型——QQ3，它的外观相比QQ更可爱，配置也有一定提升。这时，QQ也从一款车型扩展为一个车族，有三厢轿车QQ6，还有专为女孩子打造的QQme等。2011年，奇瑞推出QQ运动版，这是QQ车族的一次彻底换代。

QQ让奇瑞拥有了一个可靠的微型车平台，在此基础上，他们先后打造了奇瑞A1、瑞麒M1等精品化小车。2022年，奇瑞重新启用了QQ这个名字，推出新一代微型纯电动车——QQ冰淇淋，它完全抛弃了QQ经典的圆润造型，变得方方正正。

| 同一时期世界上还有哪些经典微型车？ | | | |
|---|---|---|---|
| | 大宇 Matiz | 韩国 | 奇瑞QQ的原型车，乔治亚罗的经典设计 |
| | 福特 Ka | 美国 | 福特经典微型车，因为设计独特被美术馆收藏 |
| | 雷诺 Twingo | 法国 | 外观造型"蠢萌"，被法国人戏称为青蛙 |

# 20

2007年，在奇瑞汽车累计销量达到100万台的庆祝典礼上，一款代表品牌新高度的产品——A3正式亮相。在当时的媒体看来，这是自主品牌第一次拥有挑战合资品牌的底气。奇瑞也由此开启品牌升级，进入一个辉煌的发展阶段。

## 奇瑞 A3
## 2007

# 时代背景

## 6月3日

国务院印发《中国应对气候变化国家方案》，这是我国的第一部应对气候变化的全面性、政策性文件，也是发展中国家的第一部应对气候变化的国家方案。

## 年底

我国"五纵七横"国道主干线基本贯通，总里程约3.5万公里。

### 奇瑞A3是一款怎样的车？

A3是一款紧凑型轿车，有三厢、两厢两种车身形式。它采用奇瑞与全球汽车零部件供应商巨头麦格纳共同打造的平台，前悬架为麦弗逊式，后悬架为多连杆式。这个平台直到今天仍在使用。

### 奇瑞A3的造型有什么亮点？

A3的造型设计由意大利设计工作室宾尼法利纳操刀。当时，奇瑞与宾尼法利纳建立了深层次的合作关系，这为奇瑞带来了一系列具有国际设计水平的车型，A3就是其中的杰出代表。

### 奇瑞A3有哪些配置亮点？

A3上市时，将装备车身电子稳定系统（ESP）作为重要卖点。从2010年开始，A3全系车型都标配了博世公司的ESP，这在当时是十分厚道的做法。正是从A3开始，ESP逐渐在自主品牌车型中普及。

### 奇瑞A3为什么卖得好？

2008年4月，奇瑞启动了针对尚未上市的A3车型的"十万公里不间断公开测试"，历时66天的测试让这款车倍受媒体和消费者的关注。此外，A3还是第一款获得中国新车评价规程（C-NCAP）5星安全碰撞成绩的自主品牌车型。

# 奇瑞造车的辉煌时刻
## 自主品牌一哥

2008年9月正式上市的奇瑞A3，宣告了奇瑞开启品牌升级之路。A3凭借不输合资品牌车型的产品力，在市场上一鸣惊人。从2000年到2011年，奇瑞11年蝉联自主品牌汽车销量冠军。2010年，奇瑞的国内销量更是达到68.2万台的历史高峰。

2009年10月1日，新中国成立60周年庆典上，奇瑞员工和汽车还作为中国汽车工业发展的代表，登上了国庆群众游行花车。这一时期，奇瑞的产品全面升级，一系列崭新车型推向市场。当时的奇瑞是汽车论坛里话题度最高的自主品牌，新问世的奇瑞产品总会出现在热门头条里。

### 瑞麒 G5

瑞麒G5基于奇瑞自主开发的B平台打造，这个平台日后催生了众多重要车型。据说G5的造型设计来自奥迪的落选方案，相比同时期其他自主品牌的产品，G5确实有更强的欧洲气质。

| 奇瑞曾经的品牌矩阵 | | |
|---|---|---|
| RIICH | 瑞麒 | 定位高端，负责引领奇瑞整体向上 |
| | 威麟 | 针对高端商务市场，主打越野车和商务车 |
| | 奇瑞 | 定位中低端，负责生产入门级家用车 |
| | 开瑞 | 商用车品牌，主打各式货车 |

## 谁是最美奇瑞车？
### 概念跑车 M14

如果要在2005年评选一款最漂亮的国产车，大概很多人都会给奇瑞的概念跑车M14投一票。它是一款硬顶敞篷跑车，彰显了当时奇瑞的自信。它的造型设计出自意大利宾尼法利纳工作室，尽管前脸融入中国京剧脸谱元素，但整车保留了浓烈的意大利风格。

2005年在上海国际车展上首次亮相后，奇瑞M14就成为中国车迷关注的焦点。奇瑞也屡屡表态，说这款跑车已经列入量产计划。那些年，总有车迷能拍摄到它的路试谍照。但遗憾的是，奇瑞一直没能解决硬顶敞篷机械结构的量产问题，导致这款跑车最终没能走向消费者。

奇瑞 M14

## 巅峰之后，
## 奇瑞经历了什么挫折？
### 多品牌战略的惨痛失败

2009年，奇瑞汽车的年销量首次突破50万台大关，在自主品牌中拔得头筹。此时，奇瑞做出一项重要的战略决策：将旗下品牌一分为四，分别打造奇瑞品牌、瑞麒品牌、开瑞品牌和威麟品牌。其中，瑞麒走高端路线，奇瑞走中低端路线，威麟走高端商用路线，开瑞走低端商用路线。

然而，奇瑞这一步走得有些操之过急，瑞麒品牌支撑不起高昂的售价，而奇瑞的整体研发能力也难以同时为这么多品牌提供充裕的车型和技术。虽然瑞麒推出了G5、G6等优秀车型，但市场反响惨淡。2012年，奇瑞宣布回归"一个奇瑞"，取消了瑞麒品牌。

对于这款"最美奇瑞车"，你还有三点需要了解：第一，早在2001年奇瑞就决定开发这样一款跑车，2003年宾尼法利纳就展出了油泥模型；第二，它计划搭载奇瑞自研的2.0升排量涡轮增压汽油机，输出功率达到193马力（约142千瓦）；第三，它的量产版与奇瑞A3同平台。

## 瑞麒品牌
## 有什么经典车型？
### 挑战纽博格林

在奇瑞的多品牌战略中，承载希望最多的是瑞麒。这个代表奇瑞走向高端的品牌推出的最经典车型非G5莫属。2009年，国庆花车上代表奇瑞、代表中国汽车工业的正是瑞麒G5，它也确实有着不输同时期合资品牌产品的实力，安全性更是处于领先水平。

奇瑞还为瑞麒G5打造了一次大事件——挑战纽博格林北环赛道。车手Dirk Schoysman驾驶一台经过轻度改装的瑞麒G5成功跑进9分大关。在非性能车中，这已经算是非常不错的成绩。事后，瑞麒还曾发布与那台G5带有同款拉花的特别版G5，遗憾的是，这些都不能为瑞麒带来销量。

| 中国车企与哪些意大利设计公司合作过？ | |
|---|---|
| 宾尼法利纳 | 昔日与奇瑞合作最多的设计工作室，如今被法拉利收购 |
| Italdesign（乔治亚罗创立） | 最早与中国车企展开合作的意大利设计公司，出品过不少亲民小车 |
| I.DE.A | 位于都灵的设计公司，与长安等品牌有过深入合作 |

# 21

经历多品牌战略的挫折后,奇瑞并没有气馁。2013 年 11 月,观致品牌首款量产车——观致 3 亮相。这款在日内瓦车展上备受关注的中国汽车,难得地收获了海外媒体的赞誉,德国知名汽车媒体 *AutoBild* 甚至认为,它进入欧洲市场后将成为德国大众的有力竞争对手。

## 观致 3
## 2013

# 时代背景

**1月26日**

我国自主研制的运-20大型运输机首飞成功。

**10月31日**

西藏墨脱公路建成通车,至此我国真正实现县县通公路。

### 观致3是一款怎样的车?

观致3定位于紧凑型家用轿车,它诞生于奇瑞与麦格纳联合打造的C平台,技术上完全不同于奇瑞此前的所有车型,对标欧洲一线品牌同级产品。

### "观致"这个名字有什么含义?

"观"代表博采众长,"致"代表与众不同。观致的车标是一个变形的英文字母Q,既代表量子(Quantum),也代表奇瑞的"奇"字汉语拼音首字母。这个车标的造型整体上看起来像一个汽车后视镜,获得了2014年德国设计委员会年度汽车品牌大赛"品牌设计奖"。

### 观致3有多安全?

2013年,观致3在欧洲新车评价规程(E-NCAP)安全测试中得到五星评价,是首款获此殊荣的中国品牌车型,它当年还被评为E-NCAP年度安全车型。

### 观致3有什么突出特点?

观致3的车身宽1839毫米,比同为紧凑型的、号称"宽体轿跑"的大众凌渡(1826毫米)宽,甚至比高一级的中型车日产天籁(1830毫米)还宽。

# 观致
## 有什么背景?
### 酝酿多年的国际品牌

在奇瑞成为"自主品牌一哥"的时代,一直盛传他们将借助国际资本打造一个全球品牌。2007年传言变成现实,奇瑞和以色列量子集团共同出资成立奇瑞量子汽车有限公司,志在全球。瑞麒G5的平台,就是为这一项目打造的。

2011年,奇瑞量子汽车更名为观致汽车。量子集团提供的海量资金,让奇瑞在观致产品的研发上几乎不计成本。奇瑞没有采用既有的平台架构和技术方案,而是专门为观致开发了全新的C平台,研发成本已经达到甚至超越了同时期的海外品牌同级平台。

| 奇瑞平台的三步阶梯 ||
|---|---|
| A平台代表车型 | 奇瑞A3,奇瑞第一个重要产品平台,努力追赶国际水平 |
| B平台代表车型 | 瑞麒G5,奇瑞第一个具有国际水平的平台,安全性格外出色 |
| C平台代表车型 | 观致3,奇瑞与麦格纳联合开发,全面达到国际先进水平 |

## 最初的观致
## 有多强?
### 团队国际化,零件全大牌

当时的观致聚拢了一众汽车行业的"顶级大牛",比如首任董事长郭谦来自大众汽车公司,首任副总裁石清仁曾是大众北美公司副总裁。公司高管几乎都是来自国际巨头的资深从业者。观致3的设计师何歌特(Hilderbrand)曾是MINI品牌的设计总监,还曾是大众的资深设计师,设计过高尔夫轿车。

国际化的高管团队,为观致带来了国际先进理念和技术。英国广播公司(BBC)出品的汽车栏目 *TopGear* 的采访中透露,观致的安全团队几乎全员来自以安全著称的瑞典品牌萨博。观致的零部件也都来自国际大牌,麦格纳不仅供应零部件,还参与了平台开发。如今看来,观致当初的资源堪称豪华。

#### 观致3都市SUV和观致5

观致3上市时,全球SUV市场迎来了爆发,观致一时拿不出合适的产品,只能暂时依靠在观致3基础上改进而来的观致3都市SUV仓促应战。2016年推出的观致5才是真正意义上的SUV,但由于入市时间太晚,产品力乏善可陈,它最终没能帮助观致扭转颓势。

## 含着金钥匙的
## 观致发展得怎么样?
### 水土不服,惨遭放弃

观致被奇瑞寄予厚望,也倍受媒体瞩目,但它在市场上并没有取得成功。当时的汽车市场重心从轿车转向 SUV,而观致几乎完全错过了 SUV 增长的红利期。观致选择的轿车战场,至今都是合资车企最为稳固的基本盘,而观致 3 在安全性、操控性上的优势并非当时消费者的痛点,动力过剩带来的高能耗更是让消费者望而却步。

从 2014 年到 2016 年,观致累计销量不足 2.2 万台,而累计亏损高达 66 亿元。2017 年,无力回天的奇瑞放弃了观致,地产巨头宝能成为观致的新东家,此后虽然也推出了一些新车型,但截至 2023 年,观致已经名存实亡。

### 观致 3 旅行版

观致 3 在日内瓦车展亮相时,同步展示的还有两厢跨界版概念车和旅行版概念车。旅行版展现了观致进军欧洲市场的期望。遗憾的是,这款中国当时最有"欧洲范儿"的产品最终没能量产。而两厢跨界版概念车后来衍化成了观致 3 都市 SUV。

## 2020 年
## 观致为什么又火了?
### 拥抱"联动云"

2020 年前后,观致用一种特别的方式回归了大众视野。被宝能收购后,仍旧无法打开局面的观致,不得不将大量库存车投入租赁市场。宝能旗下的"联动云"成为观致的最大买主。不仅是传统租赁,他们还采用了当时流行的分时共享模式。

"联动云"的突出特点是手续简单且便宜。在高峰时期,其注册用户超过 3000 万人,在汽车分时租赁行业排名第一。但无人看守和维护的租赁模式,导致车辆损耗大且快,很难实现盈亏平衡。

| 观致 3 有哪些衍生车型? | |
|---|---|
| 观致 3 两厢 | 一款具有"欧洲范儿"的家用车,原本计划先出口欧洲市场 |
| 观致 3 都市 SUV | 两厢跨界版,拥有更好的通过性和跨界外观 |
| 观致 3GT | 三厢跨界版,可能是当时造型最奇怪的国产车之一 |

2022年，奇瑞产销量双双突破百万台，海外市场销量达到 45 万台。至此，每五位奇瑞车主中就有一位是海外车主。

奇瑞瑞虎 7
2022

# 时代背景

**2月1日**
徐克执导的电影《长津湖之水门桥》上映。

**2月4日**
北京冬奥会开幕。

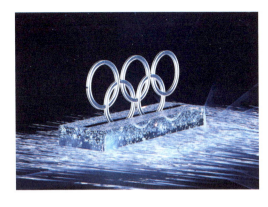

### 瑞虎 7 是一款怎样的车?

瑞虎 7 定位于紧凑型 SUV,第一代车型诞生于 2015 年,是首款采用四轮独立悬架的奇瑞 SUV。如今,瑞虎 7 已经发展成一个丰富的产品系列,包括瑞虎 7、瑞虎 7Plus、瑞虎 7Pro 等车型。

### 瑞虎家族有多大?

瑞虎是奇瑞旗下 SUV 产品的通用名。从 2005 年推出瑞虎车型到今天,瑞虎家族已经发展出瑞虎 3、瑞虎 5、瑞虎 7、瑞虎 8、瑞虎 9 等多个产品序列。

### 你能在多少个国家买到奇瑞车?

根据奇瑞官方数据,他们的销售网络已经遍布全球 80 个国家和地区,销售网点超过 1500 个,主要分布在中东、南美洲、东欧、东南亚等中国汽车品牌传统市场。

### 奇瑞在 2022 年实现了什么里程碑?

凭借着国内销量的回升和优秀的出口战绩,2022 年,奇瑞实现了"四个历史首次":集团年营收首次突破 2000 亿元人民币;年销量首次突破 100 万台(123 万台);年出口首次突破 45 万台;新能源车年销量首次突破 20 万台(23 万台)。

# 奇瑞如今发展得怎么样？
## 理性务实，稳步前进

奇瑞有过蝉联 11 年自主品牌汽车销量冠军的辉煌，也有过多品牌战略和投资观致失败的曲折。波澜过后，奇瑞进入了一条更为务实的发展道路。在国内，奇瑞通过艾瑞泽、瑞虎两个产品系列，已经重返竞争主赛道。

2022 年，奇瑞是为数不多实现销量大幅增长的汽车品牌。如今，奇瑞旗下还有星途、捷途、奇瑞新能源等品牌，这些品牌凭借务实的产品，也都有着不错的发展。尤其是奇瑞新能源的小蚂蚁，作为一款经典的城市代步纯电动微型车，在市场上取得了不俗的成绩。

### 瑞虎 8
奇瑞出口最多的车型是瑞虎 7，而国内销量最高的车型是瑞虎 8。瑞虎 8 是一个包含多款车型的产品系列，目前有瑞虎 8 基础版、瑞虎 8Pro、瑞虎 8Plus 等车型。从车身尺寸看，瑞虎 8 系列属于中型 SUV，但售价与合资品牌紧凑型 SUV 接近。

| 奇瑞当下的品牌矩阵 | | |
|---|---|---|
| | 奇瑞 | 五大自主品牌之一，中国汽车出口第一品牌 |
| EXEED | 星途 | 高端品牌，未来将转型高端新能源品牌 |
| JETOUR | 捷途 | 入门级品牌，中国汽车出口第十名 |
| iCAR | iCAR | 新能源品牌，首款产品在 2023 年年底上市 |

# 奇瑞如今有哪些品牌？
## 星途与捷途

截至 2023 年年初，奇瑞旗下共有三个乘用车品牌：奇瑞、捷途、星途。捷途品牌创立于 2018 年，是一个定位比奇瑞品牌略低，为市场提供高性价比车型、休闲车型的品牌，主推各类 SUV，曾经开辟了老年人自驾休闲的独特细分市场，还拥有自己的自驾游服务品牌。

星途品牌同样创立于 2018 年，主要面向高端市场。在新能源时代，星途主推星纪元 STERRA 系列车型，这一系列车型均为纯电动车，首批产品包括中大型轿车 STERRA ES 和中大型 SUV STERRA ET。未来，星纪元系列还将出口到欧洲市场。

## 奇瑞如今在海外发展得怎么样？

### 最成功的出海自主品牌

如今的奇瑞，在收缩产品线的同时，继续深耕海外市场。奇瑞出口车型销量在其总销量中的占比达到50%，目前已累计出口汽车超过240万台。2022年中国汽车出口311.1万台，奇瑞的占比超过14%。

奇瑞的海外格局，不仅是批量出口整车，还包括在多个国家和地区建立起完备的生产、销售体系，尤其是中东、南美，已经成为奇瑞稳固的市场。奇瑞目前最重要的市场是巴西，他们在巴西投建了目前自主品牌中规模最大的海外工厂，并且在圣保罗最繁华的步行街设有品牌旗舰店。

| 2022年奇瑞出口的车型主要有哪些？ | | |
|---|---|---|
| 瑞虎7 | 88564台 | 奇瑞出口最多的车型，在海外称为Tiggo7 |
| 瑞虎5x | 76393台 | 紧凑型SUV，在海外称为Tiggo4 |
| 瑞虎8 | 58424台 | 比瑞虎7定位更高，是奇瑞在海外市场的旗舰车型 |

### 艾瑞泽系列

艾瑞泽是奇瑞的轿车产品系列，艾瑞泽的英文名ARRIZO源自西班牙文，词根"RIZO"有涟漪的含义，整体上有平衡和稳定之意，代表产品技术平衡、品质稳定。艾瑞泽系列目前包括艾瑞泽3、艾瑞泽5、艾瑞泽8等车型。

## 新能源时代，奇瑞如何迎战？

### iCAR+C-DM：奇瑞的未来

2023年上海国际车展前夕，奇瑞在北京发布了自己的新能源未来蓝图，同时推出了全新的新能源品牌iCAR。车展前一夜，奇瑞又在上海公布了iCAR的两款产品：纯电动跑车iCAR GT和都市硬派SUV iCAR 03。

从2023年开始，奇瑞旗下各大品牌将全面实现新能源化。除了以iCAR品牌为核心迈向纯电动外，奇瑞还发力混合动力技术，推出了自研的C-DM鲲鹏超性能电混系统，并计划在2025年前推出20余款搭载这一系统的车型。

# 23

1998年8月8日上午8点，浙江临海，吉利集团的第一台量产车驶下生产线，被命名为豪情。2001年，豪情成功进入新车公告，这标志着吉利成为中国首家获得轿车生产销售资质的民营企业。

## 吉利豪情
## 1998

## 时代背景

**6月中旬—9月上旬**

我国南方地区出现历史罕见特大洪灾，全党全军全国人民团结奋战，取得了抗洪抢险斗争的全面胜利。

**11月11日**

腾讯公司成立。

### 吉利豪情是一款怎样的车？

豪情是一款小型两厢车，造型和底盘模仿了天津大发夏利，搭载了丰田的 8A 型 1.3 升排量四缸汽油机，匹配菲亚特的五档手动变速器。

### 吉利豪情有多便宜？

"造老百姓买得起的汽车！"是吉利造车之初提出的口号。豪情上市后与天津大发夏利展开了正面竞争，售价一度下探到 2.99 万元，是当时国内市场上最便宜的民用汽车。

### 首批量产吉利豪情为什么被销毁？

首批 100 台豪情全部下线后，吉利邀请经销商来厂参观。然而，由于经验不足，这批豪情的生产和装配质量都存在较多问题，遭到了经销商的质疑。于是，吉利创始人李书福决定把这 100 台豪情全部销毁。

### 吉利豪情为什么当成摩托车卖？

1999 年年底，经过一系列改进的第二批 2000 台豪情下线，质量有了很大提升。由于缺乏汽车销售渠道，吉利最终是通过自家的摩托车销售渠道把这 2000 台豪情卖出去的。

# 李书福的奋斗路
## 从摄影师到企业家

吉利创始人李书福的奋斗路，在江浙民营企业家中很有代表性。造车前，李书福在十二年间曾涉足六七个行业，他开过照相馆，造过冰箱和洗衣机，还卖过装潢材料。1994年，他进军摩托车制造业，造出了中国大陆第一款踏板摩托车，用两年时间，让吉利摩托车的产销量达到20万台，畅销30多个国家和地区。

有了制造摩托车的成功经验，李书福看准国内汽车市场的发展前景，决心进军汽车制造业。最初，吉利通过拆解成熟制造商的产品，基本掌握了汽车的构造和原理，实验性地用奔驰轿车的车身和红旗轿车的底盘"拼凑"出第一台吉利汽车——吉利一号。随后，经过一步步的艰难摸索和改进，在借鉴天津大发夏利的基础上，吉利终于造出了简单实用、价格亲民的豪情轿车。

### 吉利美人豹

美人豹的造型设计出自意大利的设计公司，尽管动力性和操控性都乏善可陈，但它凭借"中国第一跑车"的名号赚足了眼球，也让吉利这家入局造车行业不过两年的企业迅速红遍大江南北，同时让不少中国年轻人圆了稚嫩的"跑车梦"。

| 这些摩托车都是吉利造！ | |
|---|---|
| 钱江 | 自主摩托车品牌中的佼佼者，代表车型是黄龙600 |
| 贝纳利 | 意大利摩托车品牌，代表车型是幼狮系列 |
| 哈雷 | 哈雷的部分入门级车型是由吉利代工生产的 |

# 吉利怎样打开局面？
## 欲自强，先育人

吉利造车遇到的第一个难题是缺少人才。李书福清醒地认识到，自主品牌要想自立自强，就必须有强大、稳定的人才队伍作支撑。为实现造车梦，他不仅在国内成熟车企"挖人"，斥巨资从杭州大学招收了60余名应届生，还自己创办学校，培养技术人才。

吉利的创业史，也是一部汽车人才的培育史，他们的教育理念是"培养造汽车的应用型人才"。1997年，吉利创办了第一所学校——浙江经济管理专修学院（现名浙江汽车职业技术学院），两年后又创办了本科院校——北京吉利大学（现名吉利学院，迁至四川成都）。截至2023年，吉利已经先后创办了9所院校，在校学生超过5万人，每年有近万名毕业生走上工作岗位。2021年，吉利学院的车辆工程专业成功获批国家级一流本科专业建设点。

### 吉利自由舰

从 2005 年发布到 2015 年停产，自由舰的生命周期长达 10 年。它是吉利第一款完全采用现代化流程正向开发的车型，吉利甚至为它专门投建了一条新生产线。

## 吉利创业期还推出过哪些车型？

### 有进步，有想法

美日是吉利继豪情之后推出的第二款车型，在制造工艺和可靠性上都有了很大进步，也让吉利在造车上第一次实现了赢利。由于当时的国内消费者大多更青睐三厢轿车，吉利又在美日的基础上发展出三厢轿车优利欧。

此外，吉利同期还推出过一些独具特色的产品，比如豪情 300，尽管有一个短小的车尾，但它在车身结构上仍然属于两厢车，可以说兼顾了三厢车的造型和两厢车的实用。2005 年豪情迎来了大改款，吉利顺势推出豪情 SR-V 旅行车，这是自主品牌打造旅行车的早期尝试之一。

| 亚洲车企的第一款车都是"山寨"的? | | |
|---|---|---|
| 丰田 | GI | 模仿德国 DKW |
| 日产 | DAT 41 | 模仿英国奥斯汀 7 |
| 现代 | PONY | 模仿英国莫里斯 Marina |

## 哪款车是吉利造车的转折点？

### 吉利自由舰

2005 年，吉利推出了一款现象级产品——自由舰，站在今天的视角回顾吉利的造车史，它可谓一款承上启下的车型。自由舰定位于紧凑型三厢轿车，由吉利与韩国大宇公司合作开发，是吉利制造的第一款具有完全自主知识产权的车型。尽管它在平台架构上仍然与豪情有一定联系，但整体技术水平已经明显提升。

在造型设计上，自由舰相比豪情和美日都更为精致，模仿的痕迹也基本消失。更值得一提的是，它还搭载了吉利自主研发的变速器。有了自由舰的积累，吉利开始在自主发展的道路上阔步前行，陆续推出了金刚、远景等更为完善的产品。

# 24

2006年，金刚和远景两款轿车的发布，标志着吉利进入了原创设计、自主创新发展的全新阶段。

## 吉利远景
## 2006

## 时代背景

**7月1日**

青藏铁路全线通车。

**12月14日**

张艺谋执导的电影《满城尽带黄金甲》上映。

### 吉利远景是一款怎样的车?

远景属于紧凑型三厢轿车,但车身尺寸相比同级产品更大,车长达到4602毫米,定位高于"同门兄弟"金刚(车长4342毫米)。

### 吉利远景为什么卖得好?

远景上市时,"10万元家轿"的细分市场概念已经出现,中国家用车消费者的目标车型逐渐由5万元以下的微型车向10万元左右的紧凑型车升级。吉利将远景的价格定到5万元,比同期同级合资品牌产品足足便宜了一半。

### 吉利远景的配置亮点是什么?

远景搭载了吉利自主研发、具有完全自主知识产权的1.8升排量四缸汽油机,这型汽油机采用连续可变气门正时技术(CVVT),具有出色的燃油经济性,代表了当时我国自研民用发动机的最高水平。

### 吉利远景发展得怎么样?

远景经过多次改款和换代,直到2020年才彻底停产。如今,你还能买到继承远景之名的紧凑型SUV远景X6 PRO,它在整体品质和配置水平上相比最初的远景轿车已经有了脱胎换骨的变化,但亲民本色依旧不改。

# 吉利从什么时候开始高速成长?

## 自主创新,走向国际

从2006年开始,吉利经历了十年的高速发展。2007年,吉利在宁波联合80家经销商发布《宁波宣言》,作出战略转型决定,由单纯的成本领先向技术先进、品质可靠、服务满意全面发展。

这十年间,吉利坚持自主设计、技术创新,实现了研发能力的跃升,推出了一系列经典产品,彻底摆脱了昔日"低价低质"的市场形象。此外,吉利还逐步走上国际舞台,相继收购了英国锰铜公司、澳大利亚DSI公司和瑞典沃尔沃轿车公司,吸收先进技术反哺自主品牌,同时积极拓展整车出口业务,在海外建设工厂。

| 吉利曾经的多品牌战略 | | |
|---|---|---|
| | 全球鹰 | 取代吉利品牌,主要提供入门级高性价比产品 |
| | 英伦 | 源自上海华普汽车,更强调时尚设计 |
| | 帝豪 | 代表吉利品牌向上,日后新吉利的基础 |

# 吉利最可爱的小车你还记得吗?

## 熊猫的故事

2008年,吉利发布了一款采用仿生设计理念的微型车——熊猫。车如其名,它参考了国宝大熊猫圆滚滚的形态,又在细节上加入了不少"软萌"元素。熊猫开创了全新的微型车3S理念——Small(小巧)、Special(特别)、Safe(安全),借此成为当年最受市场欢迎的微型车之一。

此外,熊猫还取得了一大成就:它是第一款以散件组装(CKD)形式引入到我国台湾省销售的自主品牌车型,填补了岛内亲民微型车的市场空白。燃油版熊猫于2015年停产,2022年"复活"的熊猫mini变身为一款纯电动微型车,归属于吉利新能源产品序列。

### 吉利熊猫

熊猫的造型设计工作由长城华冠公司(不是我们熟悉的长城汽车公司)负责。你能看出它的外观中有哪些"熊猫"元素吗?最显眼的也许是像熊猫眼睛一样的带"黑眼圈"的前照灯,还有形似熊猫胖爪子的尾灯。吉利还曾推出熊猫的跨界版车型,名为熊猫cross,加装了车顶行李架和外置备胎等跨界风格套件。

## 吉利成长期走过哪些弯路?
### 折戟多品牌

吉利在高速发展过程中也走过一些弯路。2008年,他们开始实行多品牌战略,希望利用不同定位的品牌打入不同细分市场。三年间,吉利相继推出了主打中低端市场的"全球鹰"品牌、主打高端市场的"帝豪"品牌和主打个性化市场的"英伦"品牌。

然而,一如曾经尝试多品牌战略的奇瑞,当时的吉利,还没有充足的研发实力为每个品牌提供高区分度的产品和技术支撑,加之这些品牌的定位原本就相对模糊,差异化不足,最终没能实现"1+1 > 2"的品牌发展目标。2014年,吉利正式宣布放弃多品牌战略,回归吉利单一品牌。

### 吉利帝豪 EC7

2009年推出的帝豪EC7,多次问鼎中国品牌轿车销量榜。帝豪车系还是吉利进军新能源汽车市场的先锋——吉利量产的第一款纯电动汽车就是帝豪EV。

## 这一时期,吉利有哪些经典车型?
### 帝豪 EC7 与全球鹰 GX7

尽管多品牌战略以失败告终,但吉利在这一时期推出了不少经典车型。比如帝豪EC7,作为一款定位精品化的紧凑型三厢轿车,逐渐发展成为吉利的核心产品系列,囊括了跨界SUV等车型,覆盖燃油、醇电混合、纯电等动力形式,2023年推出了第四代车型。

2012年上市的全球鹰GX7是吉利推出的首款SUV,回归单一品牌战略后更名为吉利GX7,可搭载1.8升、2.0升或2.4升排量四缸汽油机。同年上市的帝豪EC8是吉利推出的首款中型轿车,在同期合资品牌中型车定价普遍超过20万元的情况下,EC8的顶配车型定价还不到15万元,极具性价比。

| 这一时期吉利收购了哪些企业? | | | |
|---|---|---|---|
| LTI | 锰铜 | 英国 | 2006年 | 伦敦标志性的黑色出租车的生产者 |
| DSI | DSI | 澳大利亚 | 2009年 | 当时世界第二大自动变速器研发生产企业 |
| VOLVO | 沃尔沃轿车 | 瑞典 | 2010年 | 当时属于福特汽车公司 |

# 25

2015年4月,吉利博瑞上市。自此,吉利迈入"产品3.0时代",在设计、品质上都有了质的提升。

## 吉利博瑞
## 2015

# 时代背景

**9月3日**

纪念中国人民抗日战争暨世界反法西斯战争胜利70周年大会和阅兵仪式在北京举行。

**10月5日**

屠呦呦获得2015年诺贝尔生理学或医学奖。

### 吉利博瑞是一款怎样的车?

博瑞是一款中型三厢轿车,作为吉利"产品3.0时代"的开山之作,展现出不同于以往自主品牌车型的高设计品质。博瑞的月销量一度突破8000台,创造了当时自主品牌中型轿车的最好成绩,并且5年蝉联自主品牌中型轿车销量冠军。

### 吉利博瑞有什么设计亮点?

博瑞的宣传口号是"大美中国车",它是吉利首款采用"水滴涟漪"家族式前脸造型,以及"华夏云纹""西湖拱桥"等中国元素的产品,这一系列风格元素由时任吉利设计高级副总裁彼得·霍布里领导的国际团队设计。

### 吉利博瑞有什么技术亮点?

博瑞搭载吉利自主研发的1.8升涡轮增压汽油机或2.4升自然吸气汽油机。2015年,吉利还曾推出搭载3.5升V6汽油机的车型,可惜只是昙花一现。

### 吉利博瑞有什么特别版?

2016年,二十国集团(G20)杭州峰会期间,吉利特别推出了博瑞G20行政版车型,采用四座布局(普通版是五座布局),作为接待、安保、警戒等任务用车。

# 从大到强
## 多维发展，不止于汽车

从海外引入一系列先进理念和技术后，经过充分的消化吸收，吉利开启了从大到强的发展路。明星车型博瑞先后成为外交部外事礼宾指定用车、驻华使节用车、首届中国－中东欧博览会官方用车、二十国集团（G20）杭州峰会官方指定用车，并以公务车的身份出口到多个国家。

进入 21 世纪第二个十年，吉利的眼界不再局限于汽车产业，逐步发展成为涉足新能源科技、新材料科技、数字科技、航空航天、出行服务、金融服务、教育等领域的综合性集团公司，甚至布局了丰富的汽车和摩托车文化产业项目。

| 这些学校都是吉利创办的！ |

吉利学院　　三亚学院　　三亚理工职业学院

湖南吉利汽车职业技术学院　　湘潭理工学院

## 哪款 SUV 号称
## "自主品牌最美 SUV"？
### 吉利博越

继博瑞之后，2016 年，吉利又发布了"博"字辈的第二款车型——博越，它是一款紧凑型 SUV，同样由彼得·霍布里领导的国际团队设计，沿用了"水滴涟漪"等设计元素，整体造型风格在当时的自主品牌 SUV 中独树一帜，给人耳目一新的感觉。

作为当时吉利旗下的"旗舰组合"，博瑞与博越成为吉利"产品 3.0 时代"的形象代表和销量担当，拥有独立的销售网络。正是从这两款车开始，很多国内消费者对吉利品牌有了全新的认识。

### 吉利博越与"马来西亚兄弟"

2017 年，吉利收购了马来西亚唯一自主车企——宝腾汽车集团 49.9% 的股份。作为双方合作的重要部分，吉利向宝腾转让了博越等车型平台的专利权。2018 年，基于博越开发的宝腾 X70 在马来西亚上市，初期采用整车进口形式，次年实现了本土生产。

### 星瑞和星越 L

以星瑞和星越 L 为代表的"中国星"车系，在设计语言上相比博瑞有了显著变化，吉利将这一代设计语言称为"能量涟漪"，核心特征是中网的"能量音弦"竖向格栅。由此不难发现，"后彼得·霍布里时代"的吉利设计语言更激进、更具力量感。

## 这一时期，吉利推出了哪些产品？
### 全面开花

在博瑞和博越两款车型大获成功后，吉利陆续推出了一系列采用"水滴涟漪"设计风格的新车型。比如入门级家用车缤瑞，同样是紧凑型三厢车，但设计相比博瑞更时尚动感，迎合了年轻消费者的喜好。2022 年推出的缤瑞 COOL，搭载吉利自研的新一代劲擎 1.5TD 涡轮增压直喷汽油机，最大输出功率达到 133 千瓦，变身为"新实力国民轿跑"。

2018 年发布的吉利首款 MPV 嘉际，有燃油版和插电式混合动力版两种车型，次年上市后便领跑自主品牌 MPV 销量榜。主打大空间的中型 SUV 豪越，凭借只有同级合资品牌产品一半的售价，在家用 SUV 市场上"攻城略地"。强调个性化的吉利 ICON，量产版几乎忠实还原了概念版的外观造型，迅速成为小红书等自媒体平台上的"时尚潮品"。

| 吉利的航空航天布局 | | |
|---|---|---|
| 太力飞行汽车 | | 原本是美国初创企业，后被吉利收购，世界上第一家获得飞行许可的飞行汽车公司 |
| 时空道宇科技 | | 吉利旗下的宇航科技企业，拥有自主生产和发射卫星的能力 |
| Volocopter | | 来自德国的空中出行服务企业，现属吉利，主打城市内短途飞行服务 |

## 吉利如今发展得怎么样？
### 从 CMA 到"雷神"

从 2019 年到 2021 年，吉利连续推出了以紧凑型轿跑 SUV 星越、紧凑型三厢轿车星瑞以及紧凑型 SUV 星越 L 为代表的"中国星"系列车型，开启了"产品 4.0 时代"。这一代车型与"产品 3.0 时代"车型的根本差异是引入了"全面架构造车"理念，全部采用吉利与沃尔沃联合开发的 CMA "超级母体"世界级模块化架构，实现了成本与质量的更优化。

2021 年 10 月，吉利发布了全球动力科技品牌"雷神动力"，同时推出了自主研发的以 1.5TD 或 2.0TD 混动专用发动机为核心的世界级模块化智能混动平台"雷神智擎 Hi·X"，涵盖油电混动（HEV）、插电混动（PHEV）和增程混动（REEV）等技术形式，宣告了吉利迈入"动力 4.0 科技电气化"时代。2022 年 3 月，首款搭载"雷神智擎 Hi·X"平台的车型星越 L 雷神 Hi·X 油电混动版（后更名为雷神 Hi·F 版）正式上市。

# 26

2016 年 10 月，吉利携手沃尔沃在柏林发布领克品牌，再次开启了品牌向上的征程。三年后，首款中国品牌性能车领克 03+ 上市。

## 领克 03+
## 2019

# 时代背景

**2月5日**
郭帆执导的科幻电影《流浪地球》上映。

**9月25日**
北京大兴国际机场正式投入运营。

## 领克 03+ 是一款怎样的车?

领克 03 是领克推出的首款产品,定位于紧凑型三厢轿车,而领克 03+ 是基于领克 03 打造的性能车,加装了外观套件,强化了动力传动系统和底盘悬架,上得赛道,下得街道。

## "领克"这个名字有什么含义?

领克的英文名 Lynk&Co 代表连接,寓意人、车、科技、互联网的无间连接。领克的车标代表两只正在紧紧握住的手,寓意吉利与沃尔沃的深度合作。

## 领克 03+ 有哪些配置亮点?

领克 03+ 在外观方面配装了全碳纤维空气动力学套件,在动力传动方面搭载了来自沃尔沃的 Drive-E 2.0TD 涡轮增压发动机,最大输出功率 254 马力(187 千瓦),匹配 8 档自动变速器和智能运动四驱系统。

## WTCR 冠军含金量如何?

WTCR 是房车世界杯,是由 WTCC 世界房车锦标赛衍生而来的全球房车赛事,也是目前最高组别的房车赛。领克 Cyan 车队自 2019 年开始三次夺得 WTCR 年度车队冠军。

# 中国车企的经典海外并购案

## 吉利联姻沃尔沃

2009年年中,有关"吉利并购沃尔沃"的传言甚嚣尘上。起初,吉利还表示暂时没有相关计划,国内媒体和车迷们也不太相信这桩有如"蛇吞象"般的并购案会真的实现。毕竟2008年时,吉利的年营收仅有42亿元人民币,而沃尔沃即使处于持续亏损状态,年营收也有957亿瑞典克朗(时值842亿元人民币)。然而,仅仅一年后,2010年8月,吉利便宣布正式完成对福特旗下的沃尔沃轿车公司的全部股权收购,共斥资18亿美元。直到这时,仍然有人不看好这次并购,认为吉利会"消化不良",而沃尔沃会丧失品牌价值。

日后的事实证明,吉利并购沃尔沃绝对是一场双赢的"联姻"。双方携手十年后,2019年,沃尔沃的年营收增长到2741亿瑞典克朗(时值1987亿元人民币),年销量由不到34万台增长到超过70万台,连续多年突破历史销量纪录。吉利方面,通过引入沃尔沃的研发经验和先进技术,不仅汽车板块年营收增长到974亿元人民币,在国内汽车企业中位列第四,还借由沃尔沃渠道打开了领克品牌车型销往欧洲市场的通路,获得了宝贵的口碑背书。

| 吉利至今都并购了哪些汽车品牌? | | | |
|---|---|---|---|
| VOLVO | 沃尔沃 | 瑞典 | 原属福特汽车公司的豪华品牌,以安全闻名世界 |
| LOTUS | 路特斯 | 英国 | 原属宝腾集团的英国国宝级跑车品牌,更为人熟知的名字是"莲花" |
| | 宝腾 | 马来西亚 | 马来西亚国民汽车品牌,目前主要生产右舵版吉利车型 |

## 领克身上有哪些沃尔沃基因?

### 合作的结晶

主打年轻、个性、潮流的领克,享受着吉利和沃尔沃的"双重滋养",可以说是双方技术的集大成者。吉利与沃尔沃联合开发的CMA"超级母体"模块化架构就首先应用于领克车型。

领克车型的造型设计和技术开发工作由以沃尔沃人员为班底的欧洲团队负责,因此在车身安全、动力传动、底盘悬架等方面主要传承了沃尔沃车型的基因。目前,领克已经成为吉利走向世界的"生力军",旗下很多车型都成功登陆欧洲市场,插电混动车型(PHEV)的销量尤为喜人,2022—2023年,紧凑型SUV领克01 PHEV版连续多个月名列欧洲PHEV车型销量榜前三位。

### 领克 02 Hatchback

"小钢炮"一般指高性能掀背车(两厢车),领克02 Hatchback是中国品牌目前唯一正宗的"小钢炮",搭载了与领克03+同款的沃尔沃Drive-E 2.0TD发动机,凭借更轻巧的车身和更简单的前置前驱布局,它的驾驶乐趣完全不输领克03+。

## 谁是领克品牌的"性能之王"?
### 领克 03+ 只能排第三

领克家族的"性能之王"非领克 03 TCR 赛车莫属,它虽然采用了与量产版领克 03 相同的车身,但各方面性能都突飞猛进,例如发动机经过特殊调校,最大输出功率达到 350 马力(257 千瓦),最大转矩达到 420 牛·米,匹配了赛车专用的 6 档序列式变速器。此外,为满足国际汽车联合会(FIA)的赛车标准,还增加了防滚架和车顶逃生门等装置。你可以通过领克汽车运动中心买到它,同时获得参加领克官方赛事的资格。

领克 03+ 之上还有一款 Cyan 版车型,加装了更多空气动力学套件,发动机最大输出功率提升到 265 马力(195 千瓦)。2023 年,领克发布了性能更接近领克 03 TCR 赛车的量产车型领克 03++,搭载与前者相同的 350 马力发动机,采用了更多 TCR 赛车技术。

| 历届 WTCR 冠军车队都是谁? | | | | |
|---|---|---|---|---|
| 2018 年 | 2019 年 | 2020 年 | 2021 年 | 2022 年 |
| 现代 | 领克 | 领克 | 领克 | 现代 |

### 领克 09

领克 09 目前是领克家族的旗舰车型,属于中大型 SUV,采用了沃尔沃的中大型车专用平台 SPA,在车身安全、底盘悬架等方面几乎完全承袭了沃尔沃 XC90 的技术,而售价只有后者的一半。

## 领克如今有哪些产品?
### 领克 04 你猜不到

领克车型目前都以"0+数字"的形式命名,已经推出了 01、02、03、05、06、08、09 七个车型序列。这些车型分别基于三个平台架构打造,一个是 CMA"超级母体"模块化架构,包括 01、02、03、05 和 08 车型,另一个是沃尔沃的 SPA 架构,只有 09 车型,还有一个是吉利的 BMA 架构,只有 06 车型。

领克有自己的混动系统/平台,称为 EM-F(油电混动)和 EM-P(插电混动),技术与吉利的"雷神智擎"一脉相承。如今的领克车型都在向"混动化"方向发展。有趣的是,2020 年北京国际车展上,领克还推出过 04 车型,只不过它是一款电动滑板车。

2023年2月16日,吉利宣布旗下中高端新能源系列产品定名为"吉利银河",23日,随着"吉利品牌新能源战略"的发布,吉利银河的首款智能电动产品——银河L7正式亮相。这宣告吉利进入了一个新的发展纪元。

# 吉利银河 L7
## 2023

# 时代背景

**5月28日**
国产大飞机 C919 圆满完成首个商业航班飞行。

**11月28日**
我国自主研发的新一代通用 CPU——龙芯 3A6000 正式发布。

### 吉利银河 L7 是一款怎样的车？

银河 L7 定位于紧凑型 SUV，基于 e-CMA 智能超电架构打造，率先搭载了神盾电池安全系统、雷神电混 8848 系统和银河 N OS 操作系统，是国内首款低碳制造的智能电混产品。

### "银河"是品牌还是车型？

"银河"不是一个独立品牌，而是吉利的产品序列，面向中高端新能源汽车市场，采用独立标识，规划有 L 系列和 E 系列两大产品系列。

### 吉利银河 L7 的发动机有多高效？

银河 L7 搭载的雷神电混 8848 系统采用了新一代混动专用发动机 BHE15 Plus，它综合运用深度米勒循环、35 兆帕高压燃油直喷等技术，实现了目前量产车用汽油机中最高的 44.26% 的热效率。

### 吉利银河 L7 的动力电池有多安全？

银河 L7 搭载了吉利独创的神盾电池安全系统，这是一套基于动力电池，融合了架构、整车、智控、云端安全的"无盲区"安全防护系统，不仅成功通过了"针刺"试验，还通过了超出国家标准的"海水腐蚀浸泡""三面跌落重击""外部火烧"试验。

## 新能源时代，吉利怎么做？

### 多品牌多车型全面发力

如今，面向大众市场，吉利正依托极氪、Smart、路特斯三个品牌，以及银河和几何两个产品序列，向"新能源化"全面转型。

2017 年，吉利发布了与沃尔沃联合打造的 PMA 纯电动模块架构，并表示将基于这一架构推出 10 余款吉利和领克车型。2020 年，吉利又发布了以 PMA 架构为基础，融合更多软件和智能技术研发的 SEA 浩瀚架构，运用了硬件层、系统层、生态层三位一体的理念，可覆盖从紧凑型车到大型车的各级市场，衍生出轿车、SUV、MPV、跑车、皮卡等多种车型。首款基于 SEA 浩瀚架构打造的车型极氪 001 上市于 2021 年。

| 吉利的新能源汽车品牌矩阵 | |
|---|---|
| 睿蓝汽车 LIVAN | 睿蓝 | 主打可充电、可换电的产品，主要面向商业出行（租赁）市场 |
| RADAR 雷达汽车 | 雷达 | 主要面向露营生活市场，目前的产品是纯电动皮卡 RD6 |
| | 极氪 | 高端纯电品牌，更有前瞻性、更国际化 |

### 新能源新战略
### 未来在银河

在 2023 年发布的新能源战略中，吉利将银河产品序列置于核心地位。银河未来的两大车系将全部基于 e-CMA 智能超电架构打造，其中，L 系列采用"电混"技术，覆盖小型车到中型车（A0 级到 B 级）市场；E 系列采用"纯电"技术，覆盖紧凑型车到大型车（A 级到 D 级）市场。

除独立标识外，银河序列还将拥有独立销售渠道。未来，吉利旗下的传统燃油车将全部归于吉利品牌，而包括电混车型在内的新能源车将逐步归于银河序列。吉利在新能源时代的发展高度，将集中由银河序列呈现。

### Smart 精灵 #1

精灵 #1 是一款由吉利开发、奔驰设计的纯电动小型 SUV。与极氪 X 和沃尔沃 EX30 共享 SEA 浩瀚平台。一个冷知识是，Smart 这个品牌最初是由腕表制造商 Swatch 与奔驰合作创立的。吉利如今手握 Smart 品牌 50% 的股权。

## 谁是吉利新能源时代的核心品牌？

### 走向高端的极氪

除银河产品序列外，吉利向"新能源化"转型的另一个重要抓手是极氪品牌。这个脱胎于领克的新时代豪华科技品牌，秉持着重新定义每一个细分市场的产品理念。极氪的首款量产车型是定位于纯电中大型猎装车的极氪 001，这款车的概念版发布于 2020 年 9 月，名为 ZERO concept，当时还归属于领克品牌。上市后，极氪 001 屡创佳绩，2022 年 11 月成为首个月交付量破万的自主品牌纯电车型，当年更是荣膺 30 万元以上自主品牌纯电车型销量冠军。

极氪 001 大获成功后，极氪又先后发布了纯电 MPV 极氪 009、纯电紧凑型 SUV 极氪 X 和纯电中型轿车极氪 007。2023 年，极氪旗下产品的平均售价达到了 30 万元，甚至超过很多传统豪华品牌。

| 这些品牌都在与吉利深度合作 | | | |
|---|---|---|---|
| smart | Smart | 德国 | 全球小车专家，目前旗下纯电车型由吉利负责开发 |
| RENAULT | 雷诺 | 法国 | 吉利将为雷诺开发面向亚洲市场的车型 |
| IZERA | IZERA | 波兰 | 利用吉利技术开发纯电车型，面向欧洲市场销售 |

### 极氪 009

极氪 009 是极氪品牌推出的第二款车型，定位于纯电大型豪华 MPV。这款车型的开发目的之一，就是服务于杭州第 19 届亚运会，承担亚运圣火火种运输工作，同时作为官方接待用车。它有着威严的外观造型，同时不乏潮流品位，在豪华配置上更是接近完美。

## 吉利的新时代故事将如何续写？

### 不断输出中国技术

如今，沃尔沃、路特斯、Smart、雷诺等多个曾经叱咤风云的海外品牌，都在使用吉利开发的平台架构打造新能源车型，包括已经发布或上市的沃尔沃 EX30、路特斯 Eletre 和 Smart 精灵 #1。这些车型都将在全球市场发售。

在欧洲，一些初创的新能源汽车品牌也选择与吉利牵手：波兰电动汽车制造商 EMP，就选择基于 SEA 浩瀚架构打造旗下的 IZERA 品牌车型。从买成品到仿制，从逆向开发到自主创新，吉利在传统燃油汽车时代一步步追赶，在新能源汽车时代实现了超越，开始引领潮流、输出技术，这正是中国车企砥砺前行的缩影。

# 28

2005 年下线的 F3，是第一款真正意义上的比亚迪汽车，比亚迪依靠它打开了全国市场，也成就了自己的第一个销量神话。

## 比亚迪 F3
## 2005

# 时代背景

**3月21日**

网络游戏《魔兽世界》开始在中国大陆限量公开测试。

**8月3日**

国产动画片《喜羊羊与灰太狼》在杭州少儿频道首播。

### 比亚迪 F3 是一款怎样的车？

F3 是一款紧凑型三厢轿车，在内外饰设计、底盘结构等方面参考了丰田的第九代花冠（Corolla，也是初代国产花冠，国内目前称为卡罗拉），在前照灯和尾灯造型上有所修改。

### "比亚迪"这个名字有什么含义？

据比亚迪创始人王传福说，"比亚迪"这个名字，以及与它对应的英文名"BYD"，最初都没有任何特殊含义，只是为了方便做工商注册。比亚迪逐渐发展壮大后，出于企业文化宣传的需要，才赋予这个名字"成就梦想"（Build Your Dreams）的含义。

### 比亚迪 F3 卖得有多火？

F3 上市时，入门版车型的售价只有 4 万余元，而当时同级别合资品牌产品的售价大多是它的三倍左右。2009 年是 F3 战绩最辉煌的一年，连续 9 个月位居全国单车型销量榜榜首，10 月成为首款月销量突破 3 万台的自主品牌车型，年终毫无悬念地荣膺全国年度单车型销量冠军。

### 比亚迪 F3 的生命周期有多长？

2022 年时，你还能买到全新的 F3，甚至外观、内饰还保留着十几年前的造型。直到当年 3 月比亚迪官宣停产传统燃油车后，它才正式告别市场。

## 比亚迪是怎样创业的？
### 电池起家，布局新能源

| 比亚迪造车前有多强？ | |
|---|---|
| 1995 年 | 王传福等 50 人创立亚迪电子公司 |
| 2000 年 | 比亚迪成为摩托罗拉公司的电池供应商 |
| 2003 年 | 比亚迪成为全球第二大充电电池生产商 |

如今伫立新能源汽车市场潮头的比亚迪，在造车这件事上曾经只是个"门外汉"。创始人王传福，早年在北京有色金属研究总院从事电池相关的研究工作。在 20 世纪 90 年代的下海创业大潮中，他辞去研究院的工作，在深圳创立了比亚迪的前身——亚迪电子公司，开始研发和生产电池产品。乘着电子信息产业高速发展的春风，比亚迪逐渐成长为国内电池行业的龙头企业。

进入 21 世纪，王传福敏锐地意识到，锂离子电池在汽车产业或许将有广阔的应用前景。2002 年，比亚迪收购了北京吉普旗下的吉驰模具厂，开始为造车做准备，次年，通过收购西安秦川汽车厂正式进军汽车制造业。最初，资本市场并不看好比亚迪造车，导致比亚迪的股价一度暴跌了 20%，市值两天蒸发了 27 亿港币。

### 比亚迪 F0
F0 是比亚迪为年轻人打造的精品微型车，是继 F3 之后比亚迪的又一个爆款产品。2009 年，比亚迪凭借 F3 和 F0 两款车超越了奇瑞，成为自主品牌销量冠军。当时，与 F0 同场竞技的热门微型车还有吉利熊猫、长安奔奔 Mini 等。

## 比亚迪生产的第一款车是谁？
### 奥拓的"亲兄弟"

比亚迪收购的西安秦川汽车厂，是一家有军工背景的老牌汽车企业，它是当初引进生产铃木奥拓车型的四家企业之一。秦川奥拓的销量和口碑仅次于重庆长安奥拓。

比亚迪投产的第一款车，是秦川厂当时的主力产品福莱尔，这是一款在奥拓基础上发展而来的微型车。2003 年，国内微型车市场正盛，外观经过小幅调整的比亚迪福莱尔取得了不错的销量，让比亚迪坚定了造车的信心。2004 年北京国际车展，首次参展的比亚迪推出了 7 款展车，其中大多数都有福莱尔的影子。

## 比亚迪走过什么弯路？
### 低价走量，过度扩张

造车之初，比亚迪主要依靠布局大量价格低廉的燃油车型来开拓市场。在中国汽车消费市场爆发式增长的年代，这种"低价走量"的策略让比亚迪在短短几年内便跻身自主品牌前列。2008年，"股神"巴菲特斥资2.3亿美元收购了比亚迪10%的股份，更是让比亚迪变身为资本市场的"宠儿"。

此时，比亚迪开始大规模扩张，同时布设了A1~A4四个销售网，推出了超过20款产品。然而，他们并没有同时建立起有效的竞争壁垒，技术缺乏创新、产品定位重叠，四个销售网并存既造成了大量内耗，也让消费者很难辨识。2009年的巅峰过后，比亚迪的品牌价值提升乏力，燃油车销量也进入了平台期。

| 比亚迪曾经的四个销售网各卖什么车型？ | |
| --- | --- |
| A1 网 | F3、F6、S8、M6、S6 |
| A2 网 | F3R、F0、S8、M6、L3 |
| A3 网 | F3R、S8、G3、G6、M6 |
| A4 网 | I3、I6、M6、S6、S8 |
| 太乱分不清？当时的消费者也分不清！ | |

### 比亚迪 S8

S8是一款硬顶敞篷跑车，堪称比亚迪立业之初推出的"最大胆"车型。但由于外观造型与同期的奔驰CLK过于接近，也引起了不少争议。当时有不少中国车企都在尝试造跑车，代表车型有中华酷派、吉利中国龙和奇瑞风云Coupe。

## 比亚迪的早期产品存在哪些问题？
### 模仿的"魔咒"

F3销售的持续火爆，让比亚迪自信满满，迅速推出了一系列面向不同细分市场的产品。然而，这些产品都没能摆脱模仿的"魔咒"，大多是以日系品牌畅销车型为蓝本逆向开发而成，靠着更低的售价、更丰富的配置来吸引消费者。

比如比亚迪的首款中型轿车F6，杂糅了同期本田雅阁等车型的设计元素，但售价只有同级合资产品的一半。还有S6车型，作为比亚迪的首款SUV，模仿了同期雷克萨斯RX的外观造型，售价更是只有同级合资产品的三分之一。

2011 年，比亚迪首款纯电动车型 E6 上市。对于当时的中国消费者来说，纯电动汽车还是一个新颖的概念。正是从这款车开始，比亚迪逐渐成为中国新能源汽车的领导者。

## 比亚迪 E6
## 2011

# 时代背景

**1月26日**
北京举行首轮机动车购车摇号。

**11月3日**
"天宫一号"空间实验室与"神舟八号"飞船成功完成我国首次空间飞行器自动交会对接。

### 比亚迪 E6 是一款怎样的车?

比亚迪官方将 E6 归类为紧凑型 MPV,而实际上它更像一款融合了轿车、SUV 和 MPV 形态特征的跨界车型(Crossover)。E6 的创新风格,在一定程度上引领了同类纯电动汽车的造型设计趋势。

### 首批量产比亚迪 E6 的用户是谁?

2010年5月,比亚迪与深圳巴士集团合资成立了全球首家商业化运营的纯电动出租车公司,分两批在深圳投放了 50 台 E6 出租车。次年 10 月,定名为"先行者"的市售版 E6 率先在深圳上市。

### 比亚迪 E6 能跑多远?

E6 搭载了比亚迪自主研发的"铁电池"(磷酸铁锂电池),能量 57 千瓦·时,标称 NEDC 综合续驶里程 300 公里,百公里耗能约 20 千瓦·时,这些性能指标在当时的纯电动汽车中已经处于领先水平。有人认为 E6 是第一款真正实用化的自主品牌纯电动乘用车。

### 你能在哪些国家和地区看到比亚迪 E6?

截至目前,比亚迪 E6 在泰国、新加坡等东南亚国家,英国、荷兰、丹麦等欧洲国家都有销售,在印度还建有半散件(SKD)组装工厂。中国香港、美国纽约、英国伦敦等城市和地区都运营有 E6 出租车。

## 比亚迪的动力电池有什么特点?

### "铁电池"

比亚迪的核心技术之一"铁电池",其实就是磷酸铁锂电池。作为电动汽车的关键技术,动力电池走过了从铅酸电池到镍氢电池,再到锂离子电池的发展历程。如今最常见的磷酸铁锂电池和三元锂电池都属于锂离子电池。早在21世纪初,比亚迪就已经成为全球第二大手机锂电池供应商,可以说在电池领域具有其他车企无可比拟的先发优势。

从新能源汽车规模化入市以来,有关三元锂电池与磷酸铁锂电池孰优孰劣的争论就一直存在,前者有能量密度优势,但热失控风险较高,而且要使用多种稀土元素,制造成本较高;后者能量密度略逊一筹,但安全性较高,而且制造成本较低。比亚迪自主研发的刀片电池,在充分保留磷酸铁锂电池优势的同时,通过创新的结构设计极大提升了能量密度,受到众多厂商的青睐,2022年全年国内装车量为69.1吉瓦·时,市场占有率达到23.45%,仅次于宁德时代。

### 比亚迪纯电动出租车

其实早在2004年,比亚迪就在北京国际车展上发布了一款纯电动出租车,与它一同亮相的还有一款油电混合动力车型,两者都是基于福莱尔平台打造的。

| 车用动力电池的发展历程 | |
|---|---|
| 第一代 | 铅酸电池,诞生于19世纪的可充电电池,能量密度低且使用寿命短 |
| 第二代 | 镍氢电池,20世纪广泛应用的可充电电池,工作稳定但充电效率低 |
| 第三代 | 锂离子电池,常见的三元锂电池、磷酸铁锂电池都属于锂离子电池,性能相比铅酸电池和镍氢电池大幅提升 |

## 比亚迪自主研发的第一款纯电动轿车是谁?

### 比亚迪F3e

2006年,在旗下燃油车销售如火如荼时,比亚迪就发布了一款基于F3车型打造的纯电动轿车——F3e,它搭载了比亚迪自主研发的第一代ET-POWER"铁动力"系统,采用磷酸铁锂电池,综合续驶里程达到300公里,使用专用快速充电桩时,只需10分钟就能补充70%的电量。F3e的诞生,标志着比亚迪的纯电动汽车技术距离全面市场化只有一步之遥。更重要的是,比亚迪表示F3e量产后的售价能控制在15万元以内,这在当时的紧凑型家用轿车市场中是十分有竞争力的。

遗憾的是,碍于电池技术尚不成熟和充电基础设施建设滞后等问题,尽管F3e具备了量产条件,但比亚迪最终并没有将它投放市场。此后,比亚迪选择首先在纯电动商用车领域发力,借由商用车市场积累技术经验。

## 比亚迪量产的第一款插电混动车是谁?

### F3DM 与第一代双模混动技术

2008 年 12 月,比亚迪 F3DM 上市,它是全球首款大规模量产并投放大众市场的插电式混合动力汽车。F3DM 名字中的"DM"是英文 Dual Mode 的首字缩写,代表比亚迪自主研发的双模混动系统。F3DM 搭载的第一代双模混动系统(DM1.0),以来自微型车 F0 的 1.0 升排量三缸汽油机为基础,组合了磷酸铁锂电池和两台永磁同步电机,有纯电动和混动两种工作模式:在纯电动模式下,汽油机处于停机状态,完全由电机驱动车轮;在混动模式下,汽油机既可以与电机一起驱动车轮,也可以为动力电池充电。

透过 DM1.0,我们已经可以窥见日后风靡市场的超级混动系统(Dual Mode-intelligent,DM-i)的雏形。然而,碍于生产工艺尚不成熟和消费者接受度有限等问题,F3DM 的市场表现并不尽如人意,大部分投入到城市新能源出租车示范项目中。

### 比亚迪 F3DM

F3DM 搭载了比亚迪引以为傲的"铁电池",电量达到 45 安·时,纯电动续航里程超过 60 公里,在一些场景下可以作为纯电动汽车使用。更具前瞻性的是,它还支持快速充电,利用专用充电桩,10 分钟就能补充 50%的电量。

## 比亚迪最早走向海外的车是谁?

### 城市客车 K9

2010 年,比亚迪在客车领域的开山之作 K9 下线,它是全球首款通过多国认证的全通道低地板纯电动客车,典型公交工况续驶里程达到 350 公里。2011 年,200 台 K9 投入到深圳世界大学生夏季运动会的服务工作中,实现了全球首批纯电动客车的规模化商业运营。同年,K9 正式出口美国。2013 年,K9 获得欧盟认证,进军欧洲市场,先后获得荷兰、丹麦、英国等国的订单。

除整车出口外,比亚迪还积极开拓海外合作研发和生产项目,先后在美国洛杉矶、荷兰斯希丹等地设立了海外研发中心,开发适合当地市场的新能源车型,并于 2012 年在保加利亚建立了首家海外合资客车生产厂。截至 2022 年,比亚迪新能源商用车(包括客车、卡车和专用车等)已经出口到 50 余个国家和地区,全球累计交付纯电动客车 6.5 万台、卡车及专用车 1.3 万台。

| 与比亚迪 E6 同时代的纯电动先锋还有谁? | | | |
|---|---|---|---|
| | 2008 | 特斯拉 Roadster | 美国 | 一款纯电动跑车,为特斯拉挣得第一桶金 |
| | 2010 | 日产聆风(Leaf) | 日本 | 在特斯拉 Model 3 之前,世界上销量最高的纯电动汽车 |
| | 2012 | Coda Sedan | 美国 | 一家美国初创公司利用中国哈飞赛豹平台打造的纯电动三厢轿车 |

# 30

如果要为比亚迪的爆发寻找一个原点，一个绕不开的关键词就是"王朝"。2012 年北京国际车展，比亚迪王朝系列的首款车型——秦正式亮相。它是比亚迪第一款在市场上大获成功的新能源车型，帮助比亚迪逐渐扭转了品牌形象。

## 比亚迪秦
## 2012

# 时代背景

**9月25日**

我国第一艘航空母舰辽宁舰正式交付人民海军。

**10月11日**

我国作家莫言获得诺贝尔文学奖。

## 比亚迪秦是一款怎样的车？

秦是一款紧凑型三厢轿车，搭载了比亚迪的第二代双模混动系统（DM2.0），相比F3等前辈，它在内外饰设计上开创了新的风格，在制造工艺上也有显著进步。

## 比亚迪秦有什么重要意义？

秦朝是我国历史上第一个大一统王朝，在国家政治治理、民族文化融合等方面都发挥了开创性作用。同样的，"秦"无论对比亚迪还是整个中国汽车产业而言，都是具有里程碑意义的车型，它树立了插电式混合动力技术路径的标杆，吹响了中国新能源汽车自主创新的号角，开启了中国新能源汽车全面市场化的大门。

## 比亚迪秦有什么配置亮点？

秦创新性地引入了"遥控驾驶"功能，操作者可以通过遥控器（钥匙）控制它前进、后退和左/右转向，这对进出狭小停车位等场景有一定实用价值。出于安全考虑，遥控模式下，秦的行驶速度不会高于0.7公里/时，而且操作者必须处于车周围10米的可视范围内。

# 比亚迪王朝系列有什么特点？
## 走向自主，建立优势

从秦开始，比亚迪通过王朝系列车型开启了"产品2.0时代"，一方面，借助自主研发的第二代双模混动系统（DM2.0），成功建立起技术和性能优势；另一方面，全面开启原创设计，彻底摆脱了模仿的"魔咒"，显著提升了品牌价值。

2015年，比亚迪提出"542"战略，同时发布了全新旗舰中型SUV唐。相比秦DM，唐DM更进一步，采用以2.0升涡轮增压汽油机为基础的DM2.0系统，除在变速器与前桥间布置电机（P3电机）外，还在后桥上布置了电机（P4电机），形成"三擎双模"（三擎指一台汽油机和两台电机）动力架构，实现了"电四驱"，系统综合最大输出功率达到370千瓦，零百加速时间只要4.9秒，在动力性能上大幅领先当时的同级合资品牌车型。

### 比亚迪唐100

2017年，比亚迪发布了基于唐DM打造的"唐100"车型，"100"代表它的纯电续驶里程达到100公里。借由唐100，比亚迪开始调整插电混动系统的技术策略，由最初的"以油为主，以电为辅"，转向"油电并重"甚至"以电为主，以油为辅"。这一策略直接催生了日后的超级混动系统DM-i。

| 比亚迪542战略有什么含义？ | |
|---|---|
| 5 | 零百加速时间5秒以内 |
| 4 | 全时电四驱 |
| 2 | 百公里油耗2升以内 |

# 谁让比亚迪有了原创设计？
## 离开奥迪的设计师

来自德国的汽车设计师沃尔夫冈·艾格，从20世纪90年代开始先后在西亚特、阿尔法·罗密欧等品牌任职，2007年进入奥迪公司，曾主导设计第三代西亚特伊比飒（Ibiza）、阿尔法·罗密欧156、第七代奥迪A6（C7）等经典车型。2013年，由于与管理层的理念渐行渐远，他无奈离开了奥迪。

2016年，求贤若渴的比亚迪与怀才不遇的艾格一拍即合。此时的比亚迪，在技术研发与储备上已经步入正轨，急需一位具有国际水平和丰富经验的设计师来统领设计工作，形成原创设计能力。艾格的到来恰逢其时，他帮助比亚迪梳理提炼出一套名为"龙颜"（Dragon Face）的设计语言，以"印象""科技""文化"为关键词，融入了中国传统文化中"龙"的形象元素，极具力量感与辨识度。这套设计语言率先运用在紧凑型MPV宋MAX上，随着第二代唐的热销日臻成熟。可以说，"龙颜"是近年来自主品牌推出的最成功的设计语言之一。

## 看懂油电混合动力系统

混合动力系统是将至少两种动力源结合到一起的驱动系统,目前常见的是将燃油动力源(内燃机)与电动力源(电机+动力电池)联接在一起的油电混动系统。根据燃油动力源与电动力源联接方式的不同,油电混动系统可以分为串联式、并联式和混联式三类。

## 串联式油电混动系统
### 代表技术:日产 e-POWER

串联式油电混动系统通常有两个电机,一个电机(M1)负责发电,与内燃机之间有"机械连接";另一个电机(M2)负责驱动车辆行驶和动能回收,与内燃机之间没有"机械连接"但有"电联接"。内燃机在任何情况下都不直接驱动车辆,只负责驱动 M1 发电,而 M1 输出的电能一部分存储到动力电池中,另一部分输出给 M2,再由 M2 驱动车辆行驶。这样一来,内燃机就能持续在高效率状态下工作,不受车辆行驶状态的影响,因此燃油消耗率可以控制在较低的水平。

## 混联式油电混动系统
### 代表技术:比亚迪 DM-i

混联式油电混动系统也称串并联式油电混动系统,通常有两个电机,它们与内燃机之间都既有"机械连接"也有"电联接"。简单理解,混联式就是结合了串联式与并联式的优点,既能以串联模式工作,也能以并联模式工作。

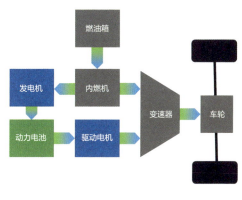

## 并联式油电混动系统
### 代表技术:长安智电 iDD

并联式油电混动系统通常只有一个电机,内燃机与电机之间有"机械连接"但没有"电联接"。两者既可以同时驱动车辆行驶,也可以各自单独驱动车辆行驶。电机要么工作在电动机模式下驱动车辆行驶,要么工作在发电机模式下为动力电池充电。

## 插电式混动系统与增程式混动系统

插电式混动系统是指可以外接电源充电的混动系统,与串联式、并联式和混联式没有对应关系,也就是无论怎么"联",都可以采用插电形式。例如,比亚迪 DM-i 系统是插电式混联混动系统,而长安智电 iDD 系统是插电式并联混动系统。

增程式混动系统是串联式混动系统的另一种叫法,两者是相同的技术概念。日产的 e-POWER 与理想 ONE/L 系列车型的增程式混动系统在原理上完全一致,差异只在于前者不能"插电",而后者能"插电"。

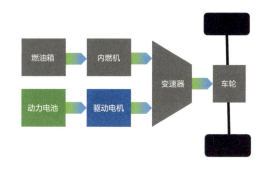

# 31

中国市场紧凑型轿车销量榜的前几位,曾经一直被以丰田、大众为代表的合资品牌牢牢"霸占"。这样的局面终于在 2022 年被比亚迪打破,而实现这一成就的车型正是秦 PLUS。

## 比亚迪秦 PLUS
## 2021

# 时代背景

**5月22日**

"祝融号"火星车成功驶上火星表面。

**7月1日**

中国共产党成立100周年。

### 比亚迪秦 PLUS 是一款怎样的车？

秦、秦 Pro 和秦 PLUS 是先后问世的"三兄弟",都属于紧凑型三厢轿车,但市场定位有一定差异。相比两位前辈,秦 PLUS 融合了源自汉、宋 PLUS 等更高级别车型的"龙颜 2.0"设计语言。

### 比亚迪秦 PLUS 有什么重要意义？

秦 PLUS 系列中的秦 PLUS DM-i,是首款搭载超级混动系统 DM-i 的车型,此外,车系中还有一款纯电车型名为秦 PLUS EV,搭载比亚迪自主研发的刀片电池。

### 比亚迪秦 PLUS 卖得有多火？

2022 年,上市第二年,秦 PLUS DM-i 与秦 PLUS EV 就携手创造了超过 31 万台的销售成绩,平均每月能卖出约 2.6 万台。其中,秦 PLUS DM-i 以超过 18 万台的年销量位列国内紧凑型车年销量榜第七位,是当年的自主品牌紧凑型车销量冠军。

### 比亚迪秦 PLUS 热销背后有什么"怪事"？

你有没有发现,街上跑的秦 PLUS DM-i 大多数都是灰色的！这是因为它卖得实在太火了,提车周期最长要 6 个月,而灰色的产量最大,提车周期也最短,所以很多车主都选了灰色。

# 比亚迪为什么放弃燃油车？

## 未来属于新能源

2022年4月，比亚迪宣布，根据战略发展需求，已经自当年3月起停止燃油汽车的整车生产，未来将坚持"创新""绿色"发展理念，专注于纯电动和插电式混合动力汽车业务。至此，比亚迪成为中国乃至全球第一家完全放弃燃油汽车生产的大型跨国车企。实际上，早在2018年，比亚迪旗下的新能源汽车销量就已经超越了燃油汽车。

随着刀片电池、DM-i等技术的普及，比亚迪的新能源汽车产销量节节攀升，2022年全球累计销量突破186万台，首度荣膺全球新能源汽车销量冠军，2023年上半年在国内新能源汽车市场的占有率达到33.5%，累计销量首次进入全球汽车品牌前十位。在比亚迪的带动下，中国汽车市场正高速向全面新能源化转型。

### 比亚迪唐 DM-p

唐 DM-p 是目前王朝系列中售价最高的车型，率先采用了 DM-p "王者混动"平台，系统综合最大输出功率达到452千瓦，在零百加速时间只有4.3秒的同时，还拥有215公里的纯电续驶里程。

| 比亚迪的四代插混系统 | |
|---|---|
| DM1.0 | 全球首套量产双电机插混系统，"节能"导向，采用"P1电机+P3电机"架构 |
| DM2.0 | "性能"导向，采用P3单电机或"P3电机+P4电机"架构，存在馈电动力性能衰减、能耗过高的问题 |
| DM3.0 | 在DM2.0基础上取长补短，采用"P0电机+P3电机"架构 |
| DM-i/ DM-p | DM-i 是 DM1.0 的升级版，"节能"导向，采用"P1电机+P3电机"架构；DM-p 是 DM3.0 的升级版，"性能"导向，采用"P0电机+P3电机"或"P0电机+P3电机+P4电机"架构 |

# 比亚迪插混车热销靠什么技术？

## 双平台大战略

2020年6月，比亚迪发布"双模技术双平台"战略，在整合和改进前三代双模混动技术（DM1.0~DM3.0）的基础上，推出了DM-p "王者混动"和DM-i "超级混动"两个平台（架构）。DM-p 中的"p"代表 powerful，寓意动力强劲和极速；DM-i 中的"i"代表 intelligent，寓意智慧、节能和高效。

其中，DM-i 平台融合了比亚迪自主研发的"骁云"系列1.5升排量插混专用汽油机、EHS电混系统和功率型刀片电池三项关键技术。EHS电混系统作为核心，由双电机、双电机控制器、单档减速器和直驱离合器组成，可以实现纯电、串联混动、并联混动、发动机直驱四种模式，具有高达98.5%的电控效率。

### 比亚迪驱逐舰 05

驱逐舰 05 实际上是"海洋网"版的秦 PLUS DM-i，两者的平台架构和核心技术完全一致，只是在内外饰设计和用料方面存在较大差异。目前，"海洋网"中的军舰系列还包括中型 SUV 护卫舰 07。

## 比亚迪"海洋网"有什么故事？
### 更年轻、更精致

"多网战略"受挫后，比亚迪将销售网精简整合为王朝网和 e 网两个。其中，e 网主要面向网约车、分时租赁等商业市场，销售纯电动车型，产品包括 e1（微型两厢车）、D1（紧凑型 MPV）和 e9（中大型三厢轿车）等。2021 年年末，比亚迪再次对销售网进行重大调整，推出全新的海洋网，同时将原有的 e 网并入海洋网。

海洋网具有鲜明的新能源属性，产品整体定位更年轻、更精致，包含海洋生物系列、军舰系列和 e 系列。其中，海洋生物系列主要是基于比亚迪 e 平台 3.0 架构打造的纯电动车型，军舰系列都是搭载 DM-i 超级混动系统的插混车型。

| 比亚迪当前的销售网 | |
|---|---|
| 王朝网 | 搭载 DM-i 或 DM-p 系统的插混车型以及纯电动车型 |
| 海洋网 – 海洋生物系列 | 主要是基于 e 平台 3.0 架构的纯电动车型，海豹和海狮车型有 DM-i 版 |
| 海洋网 – 军舰系列 | 搭载 DM-i 系统的插混车型，与王朝网车型共享平台和技术 |
| 海洋网 – e 系列 | 兼顾大众市场和商业市场的纯电动车型 |

## 比亚迪还有什么"独门绝技"？
### 刀片电池

2020 年 3 月，比亚迪发布了自主研发的刀片电池。这种电池仍然以磷酸铁锂电池为基础，主要在结构和工艺上进行了创新，一方面，将电芯设计为形似"刀片"的扁平长方体，大幅减小了电芯体积，同时提高了"抗穿刺"等安全性能；另一方面，整体采用无模组（Cell To Pack，CTP）集成方案，舍弃了电池模组，直接将电芯集成到电池包中，为在有限空间里布置更多电芯创造了可能。刀片电池的出现，大幅提升了新能源汽车的安全水平，也在一定程度上改善了磷酸铁锂电池存在的能量密度不高等问题。

针对插混车型，比亚迪还专门开发了功率型刀片电池，以 6 个串联的软包卷绕式电芯组成 1 个模组，二次封装后形成刀片形"大电芯"，在保证安全性的同时，单个"大电芯"的能量最高可达 1.53 千瓦·时，大幅提升了插混车型的纯电续驶里程。

在国内引领市场的比亚迪,也在走向世界。2023年上半年,比亚迪ATTO3在泰国市场成为纯电动汽车销量冠军,在以色列市场成为单车型销量冠军。

## 比亚迪元 PLUS
## 2022

# 时代背景

**2月6日**

中国女足亚洲杯夺冠。

**6月17日**

我国第三艘航空母舰福建舰下水。

### 比亚迪元 PLUS 是一款怎样的车？

元 PLUS 是比亚迪基于 e 平台 3.0 架构开发的一款紧凑型纯电 SUV，销往我国香港、澳门特别行政区，以及海外市场的元 PLUS 有另一个名字，叫 ATTO 3。

### 元 PLUS 和 ATTO 这两个名字是怎么来的？

比亚迪的"元"系列诞生于 2015 年，最初是小型燃油 SUV，2021 年问世的元 Pro 将动力形式改为纯电，而元 PLUS 是元 Pro 的再进化，由小型 SUV 升级为紧凑型 SUV。ATTO 这个词的本意是物理领域的最小时间尺度单位——原秒，呼应了元 PLUS/ATTO 3 的级别定位和产品特点。

### 元 PLUS 与 ATTO 3 有什么差别？

尽管只是换了名字，但 ATTO 3 与元 PLUS 在外观上还是有一个小差别，前者的车首标识是"BYD"三个英文字母，而后者的车首标识是篆体的汉字"元"。此外，销往我国香港、澳门特别行政区，以及日本、澳大利亚等国的 ATTO 3 是适应靠左行驶规则的右舵版。

### 比亚迪元 PLUS 有什么有趣的设计细节？

元 PLUS 的内饰由比亚迪全球内饰设计总监米开勒·帕加内蒂领衔打造，大量融入了与"健身"相关的设计元素，比如空调面板形似哑铃，车内门把手形似握力器。

## 比亚迪走向海外靠什么关键技术？

### e 平台 3.0 与 CTB

自 2009 年推出首款平台化纯电车型 E6 以来，比亚迪的 e 平台经历了两次迭代。最初的 e 平台 1.0 架构实现了电池、电机、电控技术的平台化。2016 年问世的 e 平台 2.0 架构兼容插混车型，基于"33111"概念打造。2021 年发布的 e 平台 3.0 架构转变为纯电专属平台，采用"八合一"电机总成、宽域高效热泵和电机升压充电架构等创新技术，首次引入智能操作系统 BYD OS。

e 平台 3.0 架构的关键技术之一是电池车身一体化（Cell to Body，CTB）。不同于传统的"电芯 – 电池模组 – 电池包"架构和无模组（CTP）架构，CTB 架构将电芯直接集成到车身（底盘/地板）中，既能节省车内空间，也能增加能量密度，还有助于提升电池安全性。

| 比亚迪的三代 e 平台 | | |
|---|---|---|
| e 平台 1.0 | 代表车型 E6 | 实现纯电平台从无到有 |
| e 平台 2.0 | 代表车型 秦 EV | 油电共生平台 |
| e 平台 3.0 | 代表车型 海豹 | 运用众多新技术的纯电平台 |

## 比亚迪走向海外有什么核心产品？

### 三杰包揽家用车市场

比亚迪目前在海外市场投放的车型主要有三款，包括 ATTO 3、海豹和海鸥。这三款车都是基于 e 平台 3.0 架构打造的纯电车型。其中，海豹定位中型车，ATTO 3 定位紧凑型车，海鸥定位小型车，三者形成互补关系，基本覆盖了家用车市场。

此外，比亚迪针对某些海外市场也有一些"特供"车型，比如专供东南亚市场的 E6，是基于宋 MAX 打造的紧凑型纯电 MPV，与国内的 E6 完全不同。

### 比亚迪海洋动物家族

比亚迪海洋动物家族包括海鸥、海豚、海豹和海狮四款车，其中，海鸥与海豚虽然都定位于小型车，但海豚的车身尺寸和车内空间都更大，接近紧凑型车。四款车都基于 e 平台 3.0 架构打造，采用了海洋美学（OCEAN X FACE）设计语言，融合了 CTB、类蜂窝三明治结构刀片电池、iTAC 智能扭矩控制等先进技术。

## 动力电池封装形式的三次进化

### 阶段一："电芯 - 模组 - 电池包"架构（Module to Pack，MTP）

先将多个电芯封装在模组中，再将多个模组封装为电池包。

### 阶段二："无模组"架构（Cell to Pack，CTP）

取消模组，将电芯直接封装在电池包里。

### 阶段三："电池底盘一体化"架构（Cell to Chassis，CTC）

电池包与汽车底盘/车身结构融合，相当于将电芯直接封装在底盘/车身里。比亚迪的 CTB 架构是 CTC 架构的一种实现方式。

## CTC 架构的三种实现方式之间有什么区别？

### 特斯拉 CTC 架构

车身：不完整，中间挖空
电池包：完整
电池包充当承受载荷的结构件，座椅等安装在电池包上盖上。

### 零跑 CTC 架构

车身：完整
电池包：不完整，没有上盖
由车身地板充当电池包上盖，更符合 CTC 架构的狭义定义。

### 比亚迪 CTB 架构

车身：不完整，中间挖空，保留部分横纵梁
电池包：完整
横纵梁与电池包一起充当承受载荷的结构件，座椅等安装在横梁上。

21世纪初,你总能在大街小巷里看到一款圆润的"面包车"——长安之星。不少中国消费者都是通过这款车认识了一家名叫重庆长安的汽车企业。

## 长安之星
## 1999

# 时代背景

**7月30日**

常光希执导的动画电影《宝莲灯》上映。

**10月1日**

建国50周年大阅兵在天安门广场隆重举行。

### 长安之星是一款怎样的车?

长安之星是一款微型厢式客货车,由长安汽车与合资伙伴铃木携手,基于第十代铃木Carry厢式客货车版打造,外观细节与原型车略有不同。

### 什么是"微面"?

"微面"是"微型面包车"的简称,在国内通常指微型厢式客货车。由于大多数厢式客货车的外观造型都方方正正的像吐司面包一样,国人习惯称它们为"面包车"。厢式客货车起源于欧洲,发扬光大于日本,从20世纪80年代开始引入我国。

### 长安之星卖得有多火?

2002年3月,第100万台长安之星下线,成为第一款产销量突破百万的自主品牌车型。从这一年开始,长安之星8年蝉联国内"微面"销量冠军。

### 长安之星有什么技术亮点?

1999年8月,长安之星在清华大学汽车碰撞实验室成功通过了碰撞安全测试,成为国内首款通过这类测试的"微面"。

## 长安汽车的历史有150多年？
### 造出中国第一款越野车

1862年，李鸿章在上海松江创建了"上海洋炮局"，这家军工企业几经辗转和更名，最终落户重庆，1957年定名"国营长安机器制造厂"，这就是长安汽车的前身。同年，国家提出了"军民结合，学会两套本领"的军工生产方针，长安厂开始涉足汽车制造业。

1958年，在资金不足、没有机床和模具的情况下，长安厂的200多名技术工人克服重重困难，以美国威利斯M38A1型越野车为基础，成功试制出长江46型越野车，这是第一款中国人自主生产的越野车。遗憾的是，随着国内外形势的变化，长安厂在1963年全面回归军工生产，停产了长江46，相关生产资料转交给北京汽车制造厂，用于支援BJ212越野车的研发工作。

| 长安汽车的历史变迁 | | |
|---|---|---|
| 1862年 | 上海洋炮局 | 中国近代史上第一家工业企业 |
| 1865年 | 金陵制造局 | 上海洋炮局迁至苏州后更名而来 |
| 1929年 | 金陵兵工厂 | 由金陵制造局更名而来，当时中国最大的军工企业之一 |
| 1938年 | 第21兵工厂 | 金陵兵工厂迁至重庆后更名而来 |
| 1951年 | 国营456厂 | 新中国成立后，由第21兵工厂更名而来 |
| 1957年 | 国营长安机器制造厂 | 由国营456厂第二厂更名而来 |

## 改革开放后，长安汽车怎样发展壮大？
### 从微型车到家用轿车

改革开放后，国家鼓励军工企业生产民用品，长安厂积极响应号召，在1984年与日本铃木汽车公司签订技术贸易合作协议，率先引入第七代铃木Carry系列微型客货车。当年11月，第一批以进口散件形式组装的长安牌微型客货车正式下线。1993年，长安厂又与铃木汽车和日商岩井合资成立了"长安铃木汽车有限公司"，引入铃木奥拓车型，进军微型轿车市场。

1994年，在原兵器工业总公司主持下，长安厂与江陵机器厂合并组建了"中国长安汽车有限责任公司"。两年后，中国长安进行股份制改组，同时成立控股子公司"重庆长安汽车股份有限公司"，也就是今天我们熟悉的长安汽车。进入21世纪，长安汽车开始在乘用车市场全面发力，与美国福特汽车成立合资公司，相继引入福特、马自达、沃尔沃等品牌车型，产品线覆盖了从微型车到中大型车的所有细分市场，为"以我为主，自主研发"夯实了基础。

### 哈飞中意

21世纪初，哈飞中意是与长安之星并驾齐驱的畅销"微面"，它的外观造型由意大利宾尼法利纳工作室设计。哈飞汽车原本是长安汽车在微型车领域最大的竞争对手，但日后由于转型生产乘用车失败，被中国长安（重庆长安汽车的母公司）收购，"哈飞"品牌也随之消逝。

### 奥拓和雨燕

以奥拓和雨燕为代表的小车，可以说是除"微面"外，长安与铃木最成功的合作结晶。从左至右依次是普通版奥拓、奥拓快乐王子、雨燕，可以看出，身为小型车的雨燕，要比身为微型车的奥拓更"魁梧"一些。

## 长安和铃木的故事结局如何？
### "小车之王"被时代抛弃

铃木是长安汽车发展历程中一个至关重要的合作伙伴。20世纪90年代末，基于奥拓的成功经验，长安汽车引进投产了铃木的第二代Cultus，这款名字看起来很陌生的小型车的国产版，就是我们耳熟能详的三厢轿车羚羊。2000年前后，奥拓和羚羊都在刚刚萌芽的中国家用车市场上扮演着举足轻重的角色。2004年，长安汽车又将刚刚问世的铃木第二代Swift引入国内，定名雨燕，它是如今很多车迷心中合资两厢小车的经典代表。

2006年上市的天语SX4，进一步丰富了长安铃木的产品线，与雨燕形成高低搭配，占据了可观的市场份额。然而，进入21世纪第二个十年，长安与铃木的合作遇到了瓶颈。专精于小微型车的铃木，始终拿不出符合市场发展趋势的紧凑型车和中型车产品。最终，在2021年，铃木以象征性的1美元价格，将长安铃木的股份转让给长安汽车，退出了中国市场。

## "长安模式"是什么？
### 合资蓄力，厚积薄发

与很多国内大型车企不同，长安汽车在中国汽车市场高速发展之初，并没有选择让旗下自主品牌在乘用车市场全面发力，而是通过合资生产来充分积蓄研发实力。与铃木、福特等国外车企组建合资企业，一方面让长安汽车借由丰富的产品线在国内汽车市场站稳了脚，另一方面让他们逐步掌握了核心技术，构建起自主研发体系。

2008年，长安汽车首款中型轿车CV8志翔的下线，标志着科技创新的"长安模式"已经趋于完善和成熟。所谓"长安模式"，就是以国家产业政策支持为依托，以企业为创新主体，视国外合资合作方为资源，在政府、国外合资合作方和企业三方联动之中，通过技术创新的渐进式升级构建起以我为主的自主创新体系，实现企业核心竞争力的培育和提升。

| 20世纪90年代畅销的微面品牌还有谁？ | | |
|---|---|---|
| 昌河 | 昌河 | 景德镇直升机厂出品，最早生产微面的企业 |
| 松花江 | 松花江 | 哈尔滨飞机制造厂出品，主要流行于北方市场 |
| 天星大发 | 天津大发 | 引入大发Hijet技术生产，主要用于出租车，北京人熟悉的"黄面的" |

# 34

2006年9月,长安汽车自主开发的首款轿车——奔奔亮相,它是一款符合当时中国市场潮流的微型车,帮助长安汽车顺利实现了产品线由微型客货车为主向乘用车为主的转型。

## 长安奔奔
## 2006

# 时代背景

5月20日

全长约2308米的三峡大坝全线建成。

6月30日

宁浩执导的喜剧电影《疯狂的石头》上映。

### 长安奔奔是一款怎样的车？

奔奔是一款融合了MPV元素的微型车，它的车长与同时期的奇瑞QQ相近，而轴距、车高和车宽都明显大于QQ，在微型车里算得上"大块头"。

### "奔奔"这个名字有什么含义？

"奔奔"这个名字的本意是希望广大车主能与长安汽车一起向前奔跑，使用叠词的形式一方面是朗朗上口、容易记忆，另一方面能呼应灵巧可爱的外观造型。

### 谁设计了长安奔奔？

21世纪初，中国自主品牌车企曾掀起一股"意大利风潮"，纷纷与意大利设计公司合作开展内外饰设计。奔奔就是长安与意大利I.DE.A设计公司联合设计的，负责外饰设计的贾斯廷·诺雷克还是出色的摄影师。

### 长安奔奔卖得有多火？

奔奔凭借仅3.98万元的起售价，以及同级车中较大的空间和较高的配置，上市次年销量就突破了5万台，并且有超过5000台成功出口海外。

汽车里的中国故事　34　长安奔奔

## 长安什么时候开始全面进军轿车市场?
### 奔奔向前进

从 2006 年 8 月以"CV6"的代号首次曝光,到当年 9 月 20 日在渝北工厂隆重下线,再到当年 11 月 18 日在北京国际车展期间正式上市,奔奔身上承载了长安的很多项"第一",它是长安的第一款自主品牌轿车,是第一款采用长安盾形车标的车型。从奔奔开始,长安吹响了全面进军轿车市场的号角。

此后,长安相继推出了紧凑型 MPV 杰勋、紧凑型三厢轿车志翔等车型,产品线逐渐覆盖了家用车市场。到 2011 年,长安实现了累计生产 1000 万台汽车的里程碑式目标,成为继一汽、上汽、东风之后的第四家"千万量级"国有车企,也是最快取得这一成就的国有车企。

| 长安在海外有几家研发中心? | |
|---|---|
| 英国中心(诺丁汉) | 主要负责动力总成研发 |
| 意大利中心(都灵) | 主要负责内外饰设计 |
| 美国中心(底特律) | 主要负责底盘研发 |
| 日本中心(横滨) | 主要负责内外饰设计 |

## 长安最初还有哪些原创车型?
### "微面"与 MPV

相比奔奔,长安最初推出的另外两款自主品牌车型 CM8 和杰勋,存在感都要稍弱一些。其中,CM8 是长安第一款拥有完全自主知识产权的自主品牌车型,可谓意义非凡,但由于仍然属于微型厢式客货车,并没有归入乘用车产品序列,市场关注度远不及奔奔。

杰勋是继奔奔之后的长安第二款自主品牌乘用车,它的内外饰同样由长安与意大利 I.DE.A 公司联合设计,而动力总成和底盘悬架的调校则由长安与德国 FEV 公司合作完成,具有浓郁的"欧洲风格"。然而,由于当时国内的 MPV 市场还处于萌芽阶段,杰勋没能像奔奔一样取得耀眼的销售成绩。

### 长安 CM8
CM8 是长安为突破"微面"定位的局限性而进行的一次勇敢尝试。他们将 CM8 定义为"城市多功能汽车",赋予它相比传统"微面"更精致时尚的内外饰风格,以及更强的驾乘舒适性,但也在一定程度上牺牲了货运能力。

## 长安第一款自主品牌三厢轿车是谁?

### 志翔振翅高飞

2007年4月的上海国际车展上,长安展出了一款名为 CV8 的概念车,融合了当时的最新技术成果和东方文化和谐之美。次年4月的北京国际车展上,CV8 以"志翔"之名正式上市。根据时任长安汽车集团董事长徐留平的阐述,志翔寓意"志存高远,志者远翔"。作为"长安模式"的结晶,志翔承载了长安自主品牌振翅高飞的高远志向。

志翔定位于紧凑型三厢轿车,采用了长安独创的高刚性高吸能笼型(HHRB)安全车身,整车按照欧洲新车评价规程(E-NCAP)四星安全碰撞标准设计开发,搭载了长安与德国 FEV 公司联合研发的 CA20 型 2.0 升四缸汽油机,同时在自主品牌车型中率先标配了牵引力控制系统(TCS)。

### 长安志翔

2008年时,很多自主品牌车企在内外饰设计上还没有走出模仿阶段,而长安已经通过志翔走出了一条自己的路,形成了相对鲜明的产品风格。两年后,长安又利用志翔平台开发出两厢轿车 CX30,在外饰设计上大胆尝试了当时刚刚兴起的跨界风格。

## 长安奔奔发展得怎么样?

### 小车常青树

2010年前后,经济高速发展带来的年轻群体消费力提升,再次激发了沉寂多年的国内微型车市场。在这一背景下,长安推出了微型车奔奔 Mini,它虽然继承了"奔奔"的名字,但内外饰、底盘和动力总成都采用了全新设计,凭借仅 2.99 万元的起售价,迅速席卷微型车市场,上市次年就取得了同级车销量亚军的佳绩。

2020年,新能源汽车市场日渐成熟,小微型电动汽车成为都市家庭的代步首选,长安顺势推出了在第三代燃油版奔奔基础上改进而来的纯电动微型车奔奔 E-Star,它的 NEDC 续驶里程达到 310 公里,在同级车中很有竞争力。

| 长安旗下(曾)有哪些合资品牌? | | |
|---|---|---|
| Ford | 福特 | 长安福特对长安汽车的投资收益贡献率一度超过90%,鼎盛时期的销量力压一汽丰田和广汽丰田 |
| Mazda | 马自达 | 2021年,经过日本马自达株式会社、一汽、长安汽车三方的资本运作,马自达在中国只保留长安马自达一家合资公司 |
| DS | DS | 长安2013年与标致雪铁龙组建合资公司投产DS品牌车型,品牌中文名是"谛艾仕",由于持续亏损,长安在2019年将DS合资公司的股权出售给深圳宝能 |

# 35

过去十年，谁掌握了 SUV 的流量密码，谁就能在中国汽车市场立于不败之地。2014 年北京国际车展，CS75 正式上市，自此书写了一段近 10 年的销量神话。它作为长安的销量明星，见证了长安的稳步成长。

## 长安 CS75
## 2014

## 时代背景

**4月18日**

大型电视文化节目《中国成语大会（第一季）》在中央电视台科教频道首播。

**11月11日**

亚太经合组织（APEC）第二十二次领导人非正式会议在北京雁栖湖举行。

### 长安 CS75 是一款怎样的车？

CS75 是一款五座紧凑型 SUV。长安旗下的乘用车从 2010 年开始采用第二代命名方式，CX 系列为两厢车和跨界车，CS 系列为 SUV；数字编号从 15 到 95 代表车身尺寸递增。

### 谁设计了长安 CS75？

CS75 的内外饰设计工作由中国汽车设计师陈政领导的团队完成，它的进气格栅上镶嵌的硕大的"CHANGAN"字样，是那一代长安 CS 系列 SUV 的"视觉锤"（传递品牌核心战略信息的符号/标识等）。

### 长安 CS75 卖得有多火？

2015 年，上市第二年，CS75 就取得了 17.7 万台的销售成绩。仅仅 5 年后，它的累计销量就突破百万台，在当年的长安汽车总销量中占比超过 1/4。截至 2022 年，CS75 的累计销量超过了 150 万台。

### 第一代长安 CS75 有什么记忆点？

长安曾组织全国车主为 CS75 家族共创专属歌曲《明日新世界》，并根据车主真实故事改编微电影《爱的进阶》。

## 长安有什么成功密码?
### 不冒进,稳步提升内功

2010年前后,自主品牌纷纷步入发展快车道。在这个阶段,很多车企不约而同地制定了多品牌战略,试图向不同细分市场全面进军。长安却"特立独行",坚持单一乘用车品牌,将更多资源放在了全面提升车型研发实力上,先后建立了多个研发中心和试验场。

事实证明,长安的决策是正确的。2015年12月,长安乘用车年产量突破100万台,年销量也突破100万台,实现了中国自主汽车品牌发展史上的首个"双百万"。在众多自主品牌中,长安推出乘用车产品的时间相对较晚,但发展最快。

| 同时代自主品牌SUV还有哪些爆款? | | |
|---|---|---|
| | 宝骏510 | 一款售价不到5万元的小型SUV,曾经的SUV销量之王 |
| | 瑞风S3 | 同样是一款小型SUV,来自已经逐渐淡出乘用车市场的江淮汽车 |
| | 哈弗H2 | 长城哈弗系列SUV中个头最小的成员 |

## 与CS75同时期的长安代表性轿车是谁?
### 逸动

长安开拓乘用车市场初期推出的轿车产品,都与主要对手形成了错位竞争:志翔相比主要竞品尺寸略大,而悦翔相比主要竞品定位略低。在积累了充足的经验后,2008年年底,长安启动了全新紧凑型轿车研发项目,成果就是2012年上市的逸动(EADO)。

2012年7月,中国新车评价规程(C-NCAP)同步实施欧洲碰撞新标准后,逸动成为当年唯一一款得到C-NCAP安全五星评价的自主品牌车型。逸动曾27个月蝉联自主品牌同级车销量冠军,在2020年的中国紧凑型轿车销量榜中,它是唯一一款跻身前十的自主品牌轿车。

**长安逸动**

2011年9月的法兰克福国际车展上,长安逸动正式亮相。第一代逸动的总产量达到了53.1582万台。

如今，长安 CS 系列已经发展成为涵盖从小型 SUV 到中大型 SUV 的大家族。

### 小型 SUV ｜ CS15
**长安 SUV"萌弟"**

CS15 是长安 SUV 产品线中体量最小的入门级车型，车长仅 4.1 米，售价只有 6.19 万元。它的目标受众是刚刚步入社会的年轻人。

### 小型 SUV ｜ CS35 PLUS
**长安 SUV"元老"**

CS35 是长安 SUV 产品线中的"元老"级车型，也是长安自主研发的第一款 SUV。CS35 PLUS 是它的升级款，它们都面向崇尚互联社交的年轻人，主打智能化配置。

### 紧凑型 SUV ｜ CS55 PLUS
**长安"出海先锋"**

CS55 是长安的主力出口车型，CS55 PLUS 是它的升级款，它们在"一带一路"沿线国家，包括巴基斯坦、沙特阿拉伯等，都取得了不俗的销售成绩。

### 紧凑型 SUV ｜ CS75 PLUS
**长安"销量中坚"**

CS75 PLUS 是 CS75 的升级款，如今长安的主力 SUV 产品。它是知名日本设计师山田敦彦加盟长安后参与设计的首款车型。

### 轿跑 SUV ｜ CS85 COUPE
**长安"品质标杆"**

CS85 COUPE 是基于 CS75 PLUS 平台打造的轿跑 SUV。为提升品质，长安特意将 CS85 COUPE 安排在标致雪铁龙（PSA）深圳工厂生产，这家工厂同时生产高端品牌 DS 的产品。

### 中型 SUV ｜ CS95 PLUS
**长安"自驾神器"**

CS95 PLUS 是长安 SUV 产品线中的旗舰车型，采用 3 排 7 座布局，车长近 5 米。2017—2019 年，旅行家吴珊驾驶一台 CS95，历时 707 天完成了自驾环游亚欧非大陆的壮举，累计行驶里程超过 8.3 万公里，打卡 61 个国家。

# 36

被车迷们称为"量产概念车"的长安 UNI-T，带动了中国自主汽车品牌的设计升级，让中国自主汽车品牌的设计迈入了一个更为自信、充满活力的时代。2021 年 3 月，上市仅一年，UNI-T 的销量就突破了 10 万台。

## 长安 UNI-T
## 2020

# 时代背景

**7月23日**

"天问一号"火星探测器在海南文昌航天发射场顺利升空。

**9月25日**

陈可辛执导的中国女排题材电影《夺冠》上映。

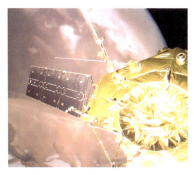

### 长安 UNI-T 是一款怎样的车？

UNI-T 是长安乘用车高端产品序列 UNI 旗下的首款车型，属于紧凑型 SUV。"UNI"这个词源于英文"Unique"，取"独特"之意，而 UNI 系列的中文名是"引力"。

### 谁设计了长安 UNI-T？

UNI-T 诞生在长安欧洲设计中心，由长安的意大利设计团队设计。UNI-T 的设计标准很高，曾三易其稿。中国设计师陈政和日本设计师山田敦彦对 UNI-T 的设计工作也做出了贡献。

### 长安 UNI 系列产品的设计特征是什么？

UNI 系列产品创造性地采用了无边界式进气格栅设计，打破了格栅设计的传统边界，以参数化设计方式，基于多元函数的几何运用，通过精确排布 150 颗菱形元素构成了整个格栅。

### 长安 UNI-T 有哪些技术亮点？

UNI-T 率先采用了长安自主研发的全新平台架构和蓝鲸系列发动机。其中，蓝鲸系列发动机多次斩获"中国心"年度十佳发动机荣誉，在性能和能耗方面代表了自主品牌的先进水平。

## 长安设计天团

### 博采众长，融会贯通

克里斯·班戈，曾是宝马设计的灵魂人物，第四代 7 系（E65）、第五代 5 系（E60）等划时代作品都出自他手。离开宝马后，他曾加盟长安汽车任设计顾问，为长安策划了一系列创意方案，并帮助长安建立起现代化的设计管理体系。2013 年 10 月，在班戈的引荐下，CS95 PLUS 概念车在意大利都灵汽车博物馆进行了为期一个月的展示。

山田敦彦，曾担任马自达首席设计师，主导设计了阿特兹、CX-9 等畅销车型，提出了名为"流"（FLOW）的造型设计理念，对日后大获成功的"魂动"（KODO）设计理念形成了重要影响。2018 年 5 月，他加盟长安汽车任乘用车设计总监，先是优化了 CS75 PLUS 的设计方案，随后成为主导 UNI 系列车型设计的核心人物之一。

在这些国际设计大师的帮助和影响下，长安大力推进本土设计人才队伍建设，先后培养出陈政、米梦冬等一流设计师。如今，长安的本土设计团队已经能独挑大梁，娴熟运用东方美学理念。

| 一句话了解长安设计发展阶段 | | |
|---|---|---|
| 1.0 阶段：学习 | 代表车型：奔奔 | 委托海外工作室设计，培养本土设计团队 |
| 2.0 阶段：沉淀 | 代表车型：CS75 | 中国设计师参与设计，形成家族风格 |
| 3.0 阶段：创新 | 代表车型：UNI-T | 中国设计师主导设计，引领设计潮流 |

## 长安品牌向上靠什么技术支撑？

### 蓝鲸动力

2019 年 6 月，长安在重庆全球研发中心正式发布全新动力品牌——蓝鲸动力，开启了"动力 3.0 时代"。蓝鲸动力品牌由蓝鲸油电混驱、蓝鲸发动机和蓝鲸变速器三个相辅相成的体系组成，包含蓝鲸 NE 中小排量高效能发动机平台、蓝鲸 7 速湿式双离合变速器（DCT）等技术成果。

其中，蓝鲸 NE 中小排量高效能发动机平台是中国汽车产业首个模块化发动机研发平台，兼顾强悍动力、高效节油和先进的振动噪声控制，能兼容 1.0~1.8 升多种排量，不同型号间的零部件通用率高达 98%。UNI-T 是首款搭载蓝鲸 NE 1.5 升涡轮增压直喷发动机的长安量产车型。

### 长安 CS75 PLUS

实际上，山田敦彦加盟长安前，长安的蝶翼式家族设计语言和 CS75 PLUS 的造型方案都已经处于成熟状态，他主要进行了后期优化工作。

## 长安 UNI 系列发展得怎么样？

在 UNI-T 站稳市场后，长安又相继推出了两款 UNI 系列车型——UNI-K 与 UNI-V，前者是中型 SUV，后者是紧凑型三厢轿跑车。这三款 UNI 系列车型被车迷们戏称为"KTV 组合"。

### UNI-V

UNI-V 身为轿跑车，走起了性能路线，它搭载的蓝鲸 D20TG-AA 高压直喷发动机，最大额定功率达到 171 千瓦，最大转矩达到 390 牛·米，动力性能已经接近大众高尔夫 GTI 等经典"小钢炮"。此外，UNI-V 还全系标配电动升降尾翼，十分拉风。

### UNI-K iDD

进入新能源时代，UNI 系列也在向绿色、低碳方向进化。UNI-K iDD 是长安旗下首款搭载智电 iDD（原称蓝鲸 iDD）混动系统的量产车型。智电 iDD 属于并联式混动系统，由蓝鲸 NE 1.5T 混动专用发动机、蓝鲸三离合电驱变速器和高性能磷酸铁锂电池等组成，助力 UNI-K iDD 的 NEDC 百公里综合油耗低至 0.9 升，综合续驶里程突破 1000 公里。

### 长安逸达

2022 年发布的逸达是一款紧凑型三厢轿车，它是长安旗下首款运用无边界设计语言的非 UNI 系列车型。

# 37

2017—2018 年,长安相继针对新能源领域发布了"香格里拉计划",针对智能化领域推出了"北斗天枢计划",两项计划的直接成果就是深蓝 SL03。作为长安新能源产品序列的代表车型,它上市 9 个月交付量就突破了 5 万台。

## 深蓝 SL03
## 2022

# 时代背景

**5月14日**
国产大飞机 C919 完成取证试飞。

**12月2日**
我国空间站正式开启长期有人驻留模式。

### 深蓝 SL03 是一款怎样的车？

SL03 是一款新能源中型三厢轿车，基于长安 EPA1 全电数字平台打造。EPA1 是全球首个能兼容纯电、增程和氢能动力构型的平台，以后驱为主，支持双电机四驱。

### "深蓝"这个名字有什么含义？

"深蓝"象征着探索、生命、科技、未来。深蓝品牌的车标名为"能量晶体"，整体采用倒三角造型，内部有三条类似星芒的内凹式线条，寓意 EPA1 平台能支持三种动力构型。

### 深蓝 SL03 有什么核心技术？

SL03 坐拥长安原力超集电驱、原力智能增程和 iBC 数字电池管家三项核心技术。纯电版车型的 CLTC 续驶里程达到 705 公里，增程版车型的 CLTC 综合续驶里程达到 1200 公里。

### 氢能版深蓝 SL03 有什么亮点？

氢能版 SL03 的系统氢电转换效率超过 60%，1 千克氢气可发电 20.5 千瓦·时，只需 3 分钟就能完成氢燃料补能。

# 新能源时代，长安有什么行动？
## "香格里拉"与"北斗天枢"

面对滚滚而来的新能源时代，长安继续稳扎稳打、稳中求变，在 2017 年发起了第三次创业，全力推进"新汽车 新生态"战略，开始向智能低碳出行科技公司转型。当年，他们发布了"香格里拉"计划，提出在 2020 年建成三大新能源专用平台，在 2025 年全面停售传统燃油汽车，并实现全谱系产品的电气化，累计推出 24 款全新产品，累计销量突破 400 万台。次年，他们又发布了"北斗天枢"计划，提出到 2020 年实现旗下产品的 100% 联网，到 2025 年实现旗下产品的 100% 语音控制和 L4 级智能驾驶产品上市。

2021 年，长安发布了与华为、宁德时代合作创建的高端智能电动汽车品牌阿维塔（AVATR），同时揭晓了基于三方共创的 CHN 平台打造的中大型纯电 SUV 阿维塔 11。2022 年，定位于"全场景智慧出行引领者"的电动汽车品牌深蓝亮相，品牌首款车型 SL03 同年 7 月上市。

| 长安新能源品牌 | | |
|---|---|---|
| Lumin | 5 万元以下 | 主打纯电微型车市场 |
| 深蓝 | 15 万~30 万元 | 长安新能源核心力量，销量担当 |
| 阿维塔 | 30 万元以上 | 长安新能源高端品牌，主打设计 |

# 新能源时代，长安小车再发动
## 从奔奔到糯玉米

在新能源赛道上，长安选择了与 2006 年进军轿车市场相同的策略：率先在微型车市场发力。从 2009 年基于燃油版奔奔平台开发的第一款纯电车型——奔奔 MINI EV 下线，到 2020 年奔奔 E-Star 线上上市，长安用十年时间积累核心技术、广开合作渠道，逐渐在新能源汽车市场上站稳了脚。

2023 年，长安发布了基于 EPA0 纯电平台打造的纯电微型两厢车 Lumin 糯玉米，翻开了微型车产品序列的新篇章。糯玉米凭借可爱时尚的造型、宽敞灵活的空间和领先同级的 300 伏电池平台，上市一年累计销量就接近 10 万台，跻身同级市场前三位。

### 阿维塔 11

阿维塔 11 以设计作为核心竞争力，整体采用了"未来美学 Future Elegance"设计理念。品牌首席设计官纳迪尔·法吉扎德曾供职于宝马，主导设计了造型惊艳的 i8 敞篷跑车。他认为，对美好的追求、对内心的触动是超越功能的古老需求。

2023 年，长安汽车的新能源产品布局进入了深蓝、启源、阿维塔三大品牌并驾齐驱的阶段。

### 深蓝 S7
**年轻科技代表**

S7 是深蓝品牌的第二款车型，定位于新能源中型 SUV，基于长安 EPA1 全电数字平台打造，延续了深蓝 SL03 的高性价比路线，起售价仅 14.99 万元。

### 阿维塔 12
**高端颜值代表**

阿维塔 12 是阿维塔品牌的首款中大型轿车，由位于德国慕尼黑的阿维塔全球设计中心主导设计，延续了阿维塔 11 的设计理念。

## 启源
**未来长安新能源主力军，家庭实用代表**

启源是长安在 2023 年发布的新能源产品序列，长安品牌旗下现有的插电混动车型都将归入启源序列，并采用全新标识。

### 启源 A05
紧凑型轿车，对应原有的长安逸达。

### 启源 A06
紧凑型轿车，对应原有的长安 UNI-V iDD。

### 启源 A07
全新开发的中大型轿车，启源的旗舰车型。

### 启源 Q05
紧凑型 SUV，对应原有的长安 CS55 Plus，未来的启源 SUV 产品都将以"Q+ 数字"的形式命名。

## 纯电小车专家

长安在纯电微型车领域一直颇有建树，除了早已风靡市场的奔奔 E-Star 外，还有引领了精品化潮流的 Lumin 糯玉米，它在 2023 年成为国内纯电微型车销量亚军，仅次于五菱宏光 MINI EV。

# 38

作为一家民营汽车企业，长城能在 20 世纪 90 年代脱颖而出，很大程度上要归功于迪尔（Deer）皮卡。依靠迪尔皮卡，长城完成了从乡镇小厂到国内主流车企的蜕变。

## 长城迪尔皮卡
## 1996

# 时代背景

**10月14日**

王菲成为首位登上《时代周刊》(TIME)封面的华人歌手。

**年底**

我国全年钢产量突破1亿吨,达到世界第一位。

### 什么是皮卡?

皮卡是英文组合词"Pick-up"的音译,它起源于20世纪20年代的美国,是一种混合轿车与卡车特征的车型,车身前半部分是与轿车相似的驾驶舱,而后半部分是用于载货的货箱。

### 中国第一款皮卡是谁造的?

1986年,保定汽车制造厂推出了我国第一款具有自主知识产权的皮卡BQ1030。保定厂就是日后在皮卡市场叱咤风云的中兴汽车公司的前身。BQ1030问世之初,国内还没有"皮卡"这个词,它当时被称作"客货车"。

### 古巴纸币上为什么有迪尔皮卡?

2008年,长城汽车获得了来自古巴的4500台迪尔系列皮卡订单,出口金额超过3亿元人民币。这笔订单创造了当时的中国车企出口量最大、出口额最高两项纪录。日后,迪尔皮卡成为古巴各行各业的重要生产工具,古巴政府因此将它印到了10比索面值的纸币上。

## 长城汽车怎样站稳市场?
### 从"乡镇小厂"到"皮卡大王"

长城汽车是改革开放后河北地区萌发的第一批整车企业之一,1984年就开始改装和生产轻型客货车。1990年7月,魏建军出任长城汽车总经理。在他的领导下,长城先是依靠改装专用车扭亏为盈,接着在1993年首次进军轿车市场。彼时的长城轿车,尽管底盘、发动机等核心部件都是外购而来,但得益于供不应求的市场环境,以及相比合资产品低得多的售价,还是成功行销北方市场。然而,1994年7月,我国首部《汽车工业产业政策》颁布后,长城汽车失去了生产销售轿车产品的资质,随即陷入经营困境。

在企业生死存亡之际,魏建军通过对国内外汽车市场的深入考察,决定转型生产兼具客货载运功能的皮卡产品,同时对生产组织和管理体系进行了全面改革。1996年3月,迪尔皮卡正式下线,很快就凭借仅6万余元的售价获得了众多中小私营业主的青睐。1998年,迪尔皮卡年销量达到4700台,首次荣膺国内皮卡市场销量冠军。随着迪尔皮卡风靡全国,长城完成了从乡镇小厂到国内主流车企的蜕变。

### 长城 CC1020S 轿车

长城汽车在蹒跚学步阶段生产的轿车。

## 长城为什么能走在自主品牌前列?
### 自主研发,全产业链布局

在依靠皮卡取得市场成功的同时,长城也没有忘记修炼"内功":2000年6月,通过成立内燃机制造公司,长城成为最早拥有核心动力的自主汽车品牌;2002年9月,长城成立汽车技术研究院,聚合科研力量,积极与国内高校、国际知名零部件企业合作,围绕发动机、底盘等核心领域推进自主研发;2003—2007年,长城工业园区一期10万台整车生产基地、二期零部件生产基地和三期20万台轿车生产基地相继建成投产,为长城筑起了坚实的产能和供应链"城墙"。

产品方面,继迪尔之后,长城又陆续推出赛羚、赛酷等车型,丰富了皮卡产品线。2006年12月,长城皮卡产品"2.0时代"的代表作——风骏正式下线,它采用全新设计语言,率先搭载了长城与德国博世公司联合开发、拥有自主知识产权的 INTEC 电控高压共轨柴油机,吹响了长城品牌向上的号角。

### 长城风骏系列皮卡

风骏3:首款搭载高压共轨柴油机的自主品牌皮卡。

风骏5:上市一年后长城皮卡年销量首次突破10万台大关。

风骏7:长城首款大量采用轿车设计元素的中高端皮卡。

## 长城怎样走向海外?
### 全面布局,多点开花

**山海炮**
山海炮是长城炮系列的旗舰车型,也是第一款售价达到 30 万元级别的自主品牌皮卡。

1997 年,长城迪尔皮卡首次走出国门,乘船驶向中东,拉开了中国自主品牌汽车走向海外市场的序幕。2004 年,长城皮卡的七年累计出口量问鼎中国同类产品出口榜。到 2006 年,长城已经与 80 多个国家的经销商建立了贸易关系,他们的海外征程也翻开了新篇章:当年 9 月,成功进军欧洲市场,向意大利出口了 500 台哈弗 SUV;2009 年 9 月,风骏、炫丽、酷熊和哈弗成为首批获得欧盟整车型式认证(WVTA)的中国自主品牌车型,这在自主品牌发展史上具有里程碑式意义。

如今,长城的"皮卡大军"除在中亚、中东市场持续热销外,在大洋洲、南美洲市场也取得了不俗的成绩。2021 年,长城炮先是荣获智利国家汽车协会颁发的"年度最佳皮卡"大奖,随后又在皮卡市场竞争激烈的澳大利亚,击败一众经典车型,斩获权威媒体 *Autocar* 评选的皮卡品类年度最佳车型奖项。

## 长城皮卡发展得怎么样?
### 从引领销量到引领文化

随着全国众多城市纷纷取消或放宽对皮卡的通行限制,兼具驾乘舒适性与载运实用性的皮卡,开始受到更多城市汽车消费者的关注。2019 年被很多媒体视为中国皮卡的"乘用化元年",当年 8 月,长城汽车正式发布国内首个全球化皮卡品牌——长城炮,品牌旗下包含乘用炮、商用炮和越野炮等针对不同细分市场的车型,都基于长城自主研发的 P71 非承载式平台打造,具有出色的越野通过性。

更具开创意义的是,长城同时还联合户外各圈层俱乐部、改装和运动品牌、公益组织等成立了"长城炮联盟",构建起开放、共享的皮卡生活社区,有力地促进了本土皮卡文化的蓬勃发展。

**越野炮**
越野炮在内外饰设计上融入了硬派越野元素,原厂搭载了绞盘、涉水喉等专业越野装备,具备拖挂资质和拖车防摆功能,相比同系列其他车型更具玩乐属性。

# 39

千禧年后,长城汽车在继续深耕皮卡市场的同时,开始大力开拓 SUV 市场。哈佛 H6 上市首年销量就突破了 10 万台,助力长城迅速问鼎中国市场 SUV 销量榜。

## 长城哈弗 H6
## 2011

## 时代背景

**1月11日**
我国自主研制的新一代隐身战斗机歼-20首飞成功。

**6月30日**
京沪高速铁路建成通车。

### 哈弗H6是一款怎样的车？

H6定位于紧凑型城市SUV，这类SUV在当时的国内市场上还是相对新颖的概念，它们通常基于轿车底盘/平台打造，在保留轿车舒适性的同时，拥有比轿车更好的通过性和更大的载运空间。

### "哈弗"这个名字有什么含义？

哈弗最初的英文名是"HOVER"，意为"自由翱翔"。长城在国际市场打开局面后，为便于品牌宣传，给哈弗更换了一个全球发音更一致的英文名"HAVAL"，并赋予它"Have All"（无所不能）的含义。

### 哈弗H6为什么能一炮而红？

H6上市之初的售价是11万元，而同期合资品牌同级SUV的售价普遍超过20万元，其他自主品牌则缺乏同级产品，因此它在市场上几乎没有竞争对手。上市第一年，H6的累计销量就达到了14.66万台，次年便问鼎国内紧凑型SUV销量榜。此后，它又连续100个月稳居同级月度销量冠军宝座，月销量最高超过了8万台。

### 哈弗H6发展得怎么样？

鉴于H6的大获成功，长城在2013年创立了哈弗品牌，而H6成为哈弗品牌旗下的中坚车型。如今，H6已经更新到第三代，由H6的平台还衍生出M6、F7等车型。

# 长城怎样成为"中国 SUV 之王"？

## 从赛弗到哈弗

21 世纪初，长城已经是中国汽车市场的"皮卡之王"，但受制于当时国内多数城市的通行限制，皮卡市场一度处于饱和状态。于是，魏建军开始寻找新的"蓝海市场"。对天津海关的一次考察，让他发现了 SUV 这个潜力股。2002 年，长城基于自家皮卡平台，推出了首款经济型 SUV 赛弗，这也是中国自主汽车品牌的第一款 SUV。

依靠赛弗站稳市场后，长城又推出了造型更时尚的哈弗 CUV——"哈弗"这个名字就这样登上了历史舞台。包括赛弗和哈弗 CUV 在内，长城初期的 SUV 产品都基于皮卡平台打造，采用了非承载式车身，通过性出色，这为长城在国内越野爱好者中积累了不错的口碑。到 2006 年，长城虽然在产销规模上与奇瑞、吉利等车企仍有差距，但凭借皮卡和 SUV 的持续热销成为利润最高的自主品牌车企。

赛弗是长城推出的第一款 SUV。

# 长城为什么暂时放弃轿车？

## 生不逢时

保定的长城汽车总部大楼前树立着一块"耻辱碑"，碑的正面刻写了"前车之鉴"四个字，背面刻写了长城的四次决策失误，其中两次与盲目进军轿车市场有关。2007 年获得轿车生产资质后，长城选择了大举开发轿车产品，次年便向市场投放了首款轿车精灵（Gwperi）。作为一款微型两厢车，精灵的综合性能并不差，但由于售价相对竞品缺乏优势，销量一直没有起色。紧随精灵之后问世的炫丽、酷熊等车型，也都处于不温不火的状态。

SUV 销售与轿车销售的"一热一冷"，让魏建军意识到进军轿车市场的时机可能还没有成熟，他最终决定暂时停止扩充轿车产品线，集中研发资源，投入到成长潜力更大的 SUV 产品线上。

### 长城腾翼 C30

2010 年，长城发布了腾翼品牌以及旗下的 C 系列轿车。C 系列轿车中最具代表性的车型就是 C30，作为一款紧凑型三厢轿车，它的销量比精灵、炫丽等前辈都更好。2017 年，长城推出的第一款纯电动车型，就是基于 C30 平台打造的 C30 EV。如今，你还能在保定街头看到 C30 出租车。

# 哈弗发展的第二个阶段
## H、M、F 三大系列

哈弗品牌创立后，开始大幅扩充 H 系列产品，推出了 H1~H9 等一系列车型，覆盖了从小型到中大型的 SUV 市场。其中，H1 和 H2 是基于轿车平台开发的小型 SUV；H4 是尺寸略小于 H6 的紧凑型 SUV，销量仅次于 H6，可以视为哈弗的"二当家"；H3 和 H5 是基于哈弗 CUV 平台开发的、采用非承载式车身的硬派 SUV，凭借高性价比主打越野市场；H7、H8 和 H9 都面向更高端的市场，前两者属于城市 SUV，而后者属于硬派越野 SUV。

此后，在 H 系列的基础上，哈弗又推出了售价更低、面向入门级市场的 M 系列车型，以及定位精品化的 F 系列车型。这一时期，哈弗还采用了"双色车标"策略，同一款车型分为"蓝标"和"红标"两个系列，在造型和配置上都有所区别。

### 哈弗 H6 DHT-PHEV

2022 年，快速向新能源化转型的哈弗，推出了当家车型 H6 的插电混动版，也就是 H6 DHT-PHEV，它是第一款采用全新哈弗车标的车型，相对既往车型在行驶品质上也有了显著提升。

# 哈弗发展的第三个阶段
## 构建全新"哈弗宇宙"

由于部分产品表现并不理想，过于庞大的产品线对哈弗品牌的发展形成了掣肘。为此，哈弗开始精简产品线，逐步将"红蓝标"统一为"黑标"，陆续停产了 H、M 系列中的大部分车型，取消了 F 系列车型。第三代 H6 发布后，哈弗在紧凑型 SUV 市场密集布局了 10 款车型，大多基于长城自主研发的柠檬平台打造，面向不同细分市场，其中，大狗车型主打"轻越野"，H6s 车型主打运动，神兽车型主打智能化。

2022 年，哈弗开始全面向新能源化转型，包括 H6、大狗、神兽在内的主销车型全面引入柠檬混动 DHT 技术，分为普通混动（HEV）和插电混动（PHEV）两个产品线。

# 40

2015 年后，中国车企纷纷开启品牌向上进程，长城汽车顺势推出了高端 SUV 品牌 WEY。2017 年，WEY 旗下首款车型 VV7 上市，主打"中式当代豪华"概念。

## WEY VV7
## 2017

# 时代背景

**3月28日**

反腐题材电视剧《人民的名义》在湖南卫视首播。

**6月25日**

我国标准动车组正式命名为"复兴号"。

## WEY VV7 是一款怎样的车？

VV7 定位于中型 SUV，轴距达到 2950 毫米，在车身尺寸和空间表现上不输同期合资品牌中大型 SUV，而售价仅与合资品牌紧凑型 SUV 相当。外饰设计强调大气运动的 VV7，是最早采用"双排四出"排气管设计的自主品牌 SUV。

## WEY 这个名字有什么含义？

"WEY"这个词源于汉字"魏"的发音，对应了长城汽车创始人魏建军的姓氏。WEY 最初的中文名是"魏派"，后来变更为"魏牌"。WEY 的车标设计灵感，源于保定的著名古迹——清代直隶总督府门前的旗杆。

## WEY VV7 是谁设计的？

VV7 的设计负责人是法国设计师皮埃尔·勒克莱克，2014 年出任长城汽车副总裁兼设计总监前，他在宝马公司工作了 13 年，最知名的作品是全球首款轿跑 SUV 宝马 X6。

## WEY VV7 卖得有多火？

VV7 上市第一年就取得了月销破万的成绩。从 2017 年 4 月到 2018 年 1 月，WEY 品牌仅用 9 个月时间就收获了 10 万台的累计销量，成为首个达成 10 万台销量目标的自主高端汽车品牌。

## 长城的高端品牌为什么叫 WEY？
### 创始人为品牌背书

在汽车业界，用创始人姓氏作品牌名其实是很常见的。这样做的目的，一方面是向创始人致敬，另一方面是以创始人的名誉为产品品质作担保。比如福特汽车的"福特"之名源于公司创始人亨利·福特，丰田汽车的"丰田"之名源于公司创始人丰田喜一郎。WEY 品牌的中文名之所以经历了一次变更，是因为"魏牌"这个商标名是比亚迪公司先注册的，所以 WEY 品牌最初只能用"魏派"这个商标名。2022 年，两家公司协商一致，长城用"登陆舰"等商标名换回了"魏牌"商标名，让 WEY 品牌得以正名。

魏建军为品牌背书的信心来自哪里？当然是产品的过硬品质。2017 年 7 月，在中国汽车技术研究中心按照美国公路安全保险协会（IIHS）标准开展的 25% 碰撞测试中，VV7 获得了最优级别"GOOD"评级，这是中国自主汽车品牌首次公开这项测试成绩。两个月后，在 VV5s 的上市发布会上，长城面对众多媒体开展车顶静压测试，成绩超越了美国联邦机动车法规 FMVSS216a 的要求。

### WEY P8

P8 基于 VV7 打造，作为 WEY 品牌的首款插电混动车型，它的售价达到了 30 万元，是当时长城旗下最贵的车型。

### WEY VV5

VV5 是 WEY 品牌发展第一阶段中销量仅次于 VV7 的车型。

## WEY 品牌发展得怎么样？
### 从 VV 到咖啡，向新能源转型

紧随 VV7 之后，WEY 品牌相继推出了不同定位的 VV5、VV6 等车型。与此同时，随着汽车产业"电动化"进程的加速，WEY 品牌也成为长城进军新能源汽车市场的先锋，2018 年率先推出了插电混动车型 P8。

2020 年 7 月，长城发布了"柠檬""坦克""咖啡智能"三大技术品牌。其中，"柠檬"定位于全球化高智能模块化技术平台，兼容从小型到大型等级别，覆盖轿车、SUV、MPV 等品类，适配高效燃油、混合动力、纯电动和氢燃料电池四种动力方案；"咖啡智能"定位于面向未来出行的智能系统，涵盖智能座舱、智能驾驶和智能电子电气架构。次年 4 月到 12 月，WEY 品牌全新"咖啡"系列车型摩卡、玛奇朵和拿铁相继上市，它们是长城旗下首批基于"咖啡智能"平台打造的车型，都搭载了柠檬混动 DHT 系统。自此，WEY 开始向高端智能新能源品牌转型。

# 汽车还能这样起名字？

## 咖啡系列

2021年，WEY品牌开启了车型命名体系的全面革新，车型名称从"VV+数字"变成了各种咖啡名，它们有什么含义呢？

### 玛奇朵 Machiatto

- 在意大利文中，玛奇朵代表印迹。
- 玛奇朵咖啡的核心是奶泡与拉花。
- 玛奇朵咖啡起源于意大利，而星巴克让它风靡全球。

### WEY 的玛奇朵

相当于VV5的换代车型，属于紧凑型SUV，定位于咖啡系列入门车型。

### 拿铁 Latte

- 在意大利文中，拿铁就是牛奶。
- 拿铁咖啡就是加了牛奶的咖啡。
- 传统的拿铁咖啡里不加糖。

### WEY 的拿铁

相当于VV6的换代车型，与哈弗H6同平台，属于紧凑型SUV，定位介于玛奇朵与摩卡之间。

### 摩卡 Mocha

- 摩卡是也门的一个港口，因出口咖啡而闻名。
- 摩卡咖啡中有巧克力，这是传统咖啡做法之一。
- 摩卡咖啡与摩卡壶没关系，摩卡壶的英文是Moka。

### WEY 的摩卡

相当于VV7的换代车型，属于中型SUV，定位于咖啡系列旗舰车型。

## 这些品牌的车型命名也有讲究

### 感性派

兰博基尼：喜欢用斗牛场上赫赫有名的公牛命名，比如Reventon。

福特：喜欢用美洲动物命名，比如Puma（美洲豹）和Mustang（野马）。

大众：喜欢用季风命名，比如Golf（高尔夫）和Passat（帕萨特），都是大西洋上的季风。

### 理性派

奥迪和宝马：奥迪用"A+数字"的形式命名，比如A4和A6，一般数字越大代表级别越高；宝马直接用数字命名，比如3-Series和5-Series，一般也是数字越大代表级别越高。

奔驰：用代表产品特性的英文单词首字母命名，比如C-Class，C是Compact（紧凑）的首字母，再比如E-Class，E是Excellence（卓越）和Executive（行政）的首字母，一般是字母排位越靠后代表级别越高。

# 41

2023 年,中国 SUV 市场掀起了两股风潮:造型"方盒子"化与硬派越野化。而引领这股风潮的正是长城旗下的明星产品坦克 300。2020 年 7 月在成都车展发布后仅 2 个月,坦克 300 的累计销量就突破了 1 万台。

## 坦克 300
## 2020

# 时代背景

**7月31日**
"北斗三号"全球卫星导航系统全面建成并开通服务。

**12月1日**
"嫦娥五号"探测器成功着陆在月球正面。

### 坦克300是一款怎样的车？

坦克300定位于硬派越野SUV，采用非承载式车身，在拥有强大通过性的同时，也融入了城市SUV的时尚性与舒适性，兼顾了"生活"与"远行"。

### "坦克300"这个名字有什么含义？

"坦克"代表了强大的产品力，传达出硬朗、刚强的产品性格。"300"中的"3"代表有前桥差速锁、中央差速锁和后桥差速锁，两个"0"代表能让"0基础"用户享受专业级越野乐趣，以及"0门槛"轻松享受智能豪华体验。

### 坦克300的越野能力怎么样？

接近角33度、离去角34度、纵向通过角23.1度、底盘最小离地间隙224毫米，这组参数足以证明坦克300拥有远超一般城市SUV的越野能力，此外，它还具有"坦克掉头""蠕行模式"等专业越野功能。

### 坦克300为什么有两种车标？

坦克300上市之初归属于WEY品牌旗下，因此使用了WEY的标志性"旗杆"车标，在它销售大火、成功破圈后，长城采用当年哈弗的策略，创立了坦克品牌。此后，坦克300就换用了设计灵感源于英文"Tank"首字母的T形新车标。

# 长城为什么要做硬派越野？

## 随 SUV 而生的越野梦

坦克 300 的成功绝不是偶然，背后是长城持续的技术创新与积累。长城的首款 SUV 赛弗就有着不错的越野基因，此后热销的哈弗 H3/H5 等车型也都主打越野性能。在这些车型的发展过程中，长城先后攻克了非承载式车身、中大排量内燃机动力总成、四驱系统等关键技术。2014 年上市的哈弗 H9 堪称长城硬派越野 SUV 发展的里程碑，它不仅成功打破了合资和进口品牌对国内中大型硬派越野 SUV 市场的垄断，还广泛出口到俄罗斯、澳大利亚等国，被柬埔寨、孟加拉等国选定为军方或警方专用车。

如今，凭借坦克品牌成功破圈后，长城在硬派越野 SUV 市场持续发力，又推出了坦克 500、坦克 400 等车型。其中，坦克 500 率先搭载了长城自主研发的"3.0 升双增压 V6 汽油机 + 纵置 9 档自动变速器"动力总成，实现了自主汽车品牌在高阶动力总成领域的突破。

| 这些经典日系越野车你还记得吗？ | | |
|---|---|---|
| 帕杰罗 | 三菱 | 曾经活跃于矿区和沙漠，是最早在国内闯出名号的日系越野车 |
| 兰德酷路泽 | 丰田 | 号称最可靠的越野车，更为车迷熟知的名字是陆地巡洋舰 |
| 途乐 | 日产 | 一直活在兰德酷路泽的阴影下，但硬实力并不差 |

## 越野是一种小众文化吗？
### 长城为中国越野文化摇旗呐喊

早在哈弗 H9 上市时，长城就开始与车主们共创具有中国特色的越野文化。哈弗 H9 车主组建的"轰九大队"，是国内目前规模最大的硬派越野车友俱乐部，会员超过 3 万人。H9 车主们不仅组织开展过"纵贯 318 国道""挑战克里雅古道"等经典越野文化活动，还经常自发参加抢险救灾、助学助困等社会公益活动，在 2022 年四川甘孜州泸定县"9·5"地震、2023 年河南特大洪涝灾害的救援现场都曾留下他们的身影。

诞生在新时代的坦克品牌，在继承哈弗品牌共创文化的基础上，推出了全新用户品牌"TANK LIFE 坦克·燃生活"，通过车型共创、拓展改装文化、共享改装成果等方式，丰富了产品共创的内涵，引领了国内越野文化的发展潮流。

### 坦克 300 的三款改装版

从左至右分别是坦克 300 风林铁骑、坦克 300 铁骑 02、坦克 300 边境版。它们在坦克 300 的基础上加装了不同风格的外观套件和更专业的越野装置，由坦克品牌与专业改装工作室合作设计。

在长城汽车的故事里,"非承载式车身"是一个频繁出现的汽车专业术语,因为它与硬派越野文化高度相关。

## 什么是承载式车身?

典型的承载式车身看起来像一个"盒子",发动机、变速器、电气设备等重要部件,以及驾驶舱里的人和物,都要靠它来承载,悬架、车轮等部件都要和它连接在一起。如今的汽车大都采用承载式车身。

## 什么是非承载式车身?

非承载式车身看起来像一个"罩子",它既不用承载人、物和重要部件,也不和悬架、车轮连在一起,大体上只起到遮蔽和保护的作用。对于采用非承载式车身的汽车,与承载、连接相关的任务都交给了车架(俗称"大梁"),典型的车架由多根横纵交错的梁构成,看起来像一个"H"形的长梯。

## 为什么如今大多数汽车都用承载式车身?

其实,承载式车身的出现时间比非承载式车身晚了几十年,而且在相当长的一段时间里都是非承载式车身"一统天下"。为什么承载式车身能成功"逆袭"呢?因为只有车身、没有车架,一方面能降低生产成本,促进规模化、商业化生产;另一方面能大幅减重,降低油耗/电耗,提高经济性。

## 为什么硬派越野 SUV 偏爱非承载式车身?

在进行高强度越野时,路况往往是起伏不定、坑洼不平、障碍不断,这会让汽车承受相比在一般道路上行驶时更频繁、更强烈的冲击(外力)。这时,用一个结构相对简单又足够结实的"大梁"来承受这些冲击,就比用结构相对复杂的车身来承受更靠谱些。当然,随着技术的进步,这个问题也不是绝对的,比如硬派越野的"鼻祖"路虎卫士,如今就换用了承载式车身。

# 42

2023年，以蓝山、枭龙等车型为代表的新一代长城产品发布，它们既彰显了长城旗下WEY、哈弗等品牌全面向新能源转型的决心，也展现了焕然一新的品牌设计语言。

## WEY 蓝山
## 2023

# 时代背景

**5 月 30 日**

"神舟十六号"载人飞船发射成功。

**9 月 23 日**

杭州第 19 届亚运会开幕。

### WEY 蓝山是一款怎样的车?

蓝山是一款六座布局中大型 SUV，全系采用 DHT-PHEV 插电混动系统。在长城看来，这个车型定位和动力方案与中国家庭用户的需求是最匹配的。

### "蓝山"这个名字有什么含义?

"蓝山"是指用产自牙买加蓝山地区的咖啡豆冲泡的咖啡，定位高端。后续上市的 WEY 品牌首款新能源 MPV 叫"高山"，这是一种定位比蓝山更高的咖啡。

### WEY 蓝山的设计有什么故事?

蓝山最初以"魏 80"的名字曝光，由于舆论普遍反映它的外观设计不够理想，长城别出心裁地发起了设计共创活动，收集到 200 多份设计方案。最终呈现在我们眼前的蓝山采用了"新舒享美学"理念，融合了多个设计方案的元素，其中最具辨识度的，是灵感源于英文单词"HOME"（家）首字母"H"的极简"H"式前脸。

汽车里的中国故事　42　WEY 蓝山

# 长城怎样拥抱"新能源"?
## 技术先行，百花齐放

2008年的北京国际车展上，一款名为"欧拉"（GWKULLA）的纯电动概念车出现在长城汽车的展台上，它是长城第一款全新研发的新能源车型。然而，满怀期待的人们最终没有等来这款双座小车的量产消息。十年后，2018年，长城正式发布纯电动汽车品牌欧拉（ORA）。此时的"欧拉"已经脱胎换骨，旗下首款车型iQ基于长城自主研发的ME平台打造，这是中国自主汽车品牌的第一个纯电专属平台，融合了智能网联等先进技术，在车内空间、安全性等方面都取得了突破。紧随iQ问世的欧拉R1（后更名黑猫），上市仅一年累计销量就超过2万台，跻身国内新能源汽车销量榜前十位。

到2022年，长城已经拥有欧拉、沙龙两个纯电品牌，WEY则正在向高端新能源品牌转型，坦克和哈弗品牌也开始普及混动技术。与此同时，长城还与宝马汽车公司合资建立了光束汽车公司，利用自己的纯电技术与宝马联合开发、生产MINI品牌的纯电车型。

### WEY 高山
高山是WEY品牌也是长城推出的第一款MPV，基于长城自主研发的新能源高端MPV专属平台打造，采用了"万物亲睦美学"设计理念，与蓝山一样，全系采用DHT-PHEV插电混动系统。

| 长城汽车四大业务板块 | |
|---|---|
| 哈弗业务板块 | 哈弗 |
| 高端智能新能源业务板块 | 坦克、WEY |
| 纯电业务板块 | 欧拉、沙龙 |
| 皮卡业务板块 | 长城炮、长城商用 |

# 新能源时代，长城有哪些核心技术？
## 柠檬混动 DHT 与 Hi4

柠檬混动DHT是长城历时三年自主研发的混联式混动系统，由1.5升混动专用发动机、双电机和定轴式两档变速器等组成，不仅能在市区工况下无缝切换纯电模式和串联模式，保障燃油经济性，还能在中高速巡航和超车工况下实现发动机直接驱动车辆，提供充沛动力。针对不同定位的车型，柠檬混动DHT能提供普通混动（HEV）和插电混动（PHEV）两种混动形式，以及采用不同发动机和电机方案的三种动力总成。

Hi4是长城首创的四驱电混系统，采用三动力源（混动专用发动机和双电机）双轴分布构型，具有纯电四驱、并联四驱和双轴能量回收三种创新模式。Hi4系统可以视为柠檬混动DHT系统的升级版，相比传统机械四驱系统，它的反应时间与脱困能力都明显提升，更重要的是成本显著降低，有利于在不同级别车型上广泛普及。

# 看懂混动系统的电机布置

长城 Hi4 系统采用了"发动机 +P2.5 电机 +P4 电机"的构型。你知道 P2.5 和 P4 是什么概念吗？与它们相关的 P0、P1、P2、P3 又分别是什么概念？

这些名词里的字母"P"代表了英文单词 Position，指的是混动系统中电机的布置位置；而数字 0~4，则代表了电机与发动机的距离关系，0 代表距发动机最近，4 代表距发动机最远。

## P0 电机
### 能发电的起动机

P0 电机也叫"带传动起动 / 发电一体机"（Belt-driven Starter Generator，BSG），它用于取代传统意义上的起动机，通过传动带与发动机曲轴前端相连，不仅具有起动机的功能，还能回收动能给蓄电池充电。

## P1 电机
### 能取代飞轮的电机

P1 电机也叫"集成式起动 / 发电一体机"（Integrated Starter Generator，ISG），它在功用上与 P0 电机相同，但布置方式不同，它的转子直接与发动机曲轴末端相连，取代了传统意义上的飞轮，与发动机形成一个整体。相比 P0 电机，P1 电机通常传动效率更高且功率更大，但它们都无法直接（单独）驱动车辆行驶。

## P2 电机
### 高适配性的全能电机

P2 电机布置在发动机与变速器之间，根据与离合器的相对位置关系，既可以发挥 P0/P1 电机的所有功能，也可以直接（单独）驱动车辆行驶，实现纯电行驶模式。

## P3 电机
### 比 P2 电机更高效的电机

P3 电机布置在变速器之后，通过齿轮或链条与变速器输出轴相连。相比采用 P2 电机，采用 P3 电机不用考虑变速器的承载能力，因此 P3 电机的输出功率和转矩可以比 P2 电机更大，而且传动效率更高，让车辆在纯电行驶模式下拥有更好的动力性。

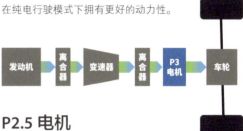

## P2.5 电机
### 与变速器密不可分的电机

P2.5 电机也叫 PS 电机（PS 代表 Power Split，功率分流），通常是指将 P3 电机与变速器整合一体，结构相比独立的 P3 电机更紧凑，能节省空间。

## P4 电机
### 为四驱而生的电机

P4 电机与发动机不同轴布置（对于发动机前置的车型，P4 电机通常位于后轴），而且与发动机之间没有任何机械连接，为实现四驱功能而存在。

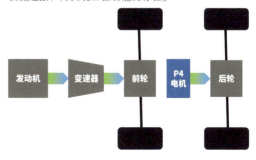

汽车里的中国故事

第四章

# 中国汽车开启新篇章

## Chapter Four

2014年，特斯拉创始人埃隆·马斯克宴请Model S首批中国车主。赴宴的8位车主大多是来自互联网、金融或地产行业的企业家，其中就包括汽车之家网站的创始人李想。易车网的创始人李斌也是首批车主，但他没有应邀赴宴。

2023年，李想和李斌又有了共同的标签：造车新势力掌门人。李想的理想，李斌的蔚来，都已经成为特斯拉在中国市场无法忽视的对手。

当下，依托着飞速发展的新能源汽车产业，中国汽车企业正在由追逐者转变为引领者。

上海市出租汽车公司在1958年试制成功的新中国第一台纯电动轿车"奔腾"

## 电动汽车东山再起

19世纪末到20世纪初，第二次工业革命让人类迈入电气时代。得益于结构简单且容易操控，电动汽车的发展势头一度领先于燃油汽车。然而，随着石油资源的规模化开采和应用，以及内燃机技术的日臻成熟，燃油汽车迅速主导市场，而电动汽车日渐式微。此后，20世纪70年代的两次石油危机曾让电动汽车重燃生机，但动力电池技术发展的相对滞后，没能让电动汽车实现逆转。

直到21世纪，随着节能降碳、绿色发展成为国际共识，以及锂离子电池技术的突飞猛进，电动汽车产业终于东山再起。2003年，特斯拉横空出世，这家没有制造业背景的硅谷初创公司，推出了一系列有关电动汽车的革命性理念，掀起了一股延续至今的"电动化浪潮"。

## 中国人的电动汽车故事

1921年,上海租界各洋行联合筹办了一场汽车展会。会上,美籍丹麦人创建的慎昌洋行,展示了一台产自美国的米尔伯恩牌电动汽车。这是有据可考的中国人与电动汽车的初次相遇。

20世纪50—60年代,为解决石油产能不足问题,清华大学等高校,以及天津、上海等地的科研院所和生产单位,都曾尝试研制电动汽车,成品涵盖了微型车、货车、越野车等多种类型,但最终都因技术水平和实用化程度较低,而没能实现规模化量产。

进入20世纪90年代,以北京理工大学和同济大学为代表的高校,再次聚焦电动汽车技术,开展了一系列科技攻关,成功试制出一批具有市场化前景的产品。

2004年,比亚迪在北京国际车展上发布了多款电动汽车,很多媒体因此将这一年定义为中国的"电动汽车元年"。也正是从这时开始,"中国电动汽车"走出高校和科研院所,真正进入了大众视野。

接下来,国家先后出台了多项有关推动新能源汽车发展的政策,包括将新能源汽车生产单列管理并发放单独执照、为新能源汽车技术研发提供全面支持、为新能源汽车生产销售提供补贴,以及投资建设充电基础设施等,由此开启了中国汽车产业的"电动化"转型:2007年,"中车时代电动汽车公司"成为国内第一家获得新能源汽车生产资质的企业;2008年,国内第一款纯电动乘用车众泰2008EV上市,同年,全球首款实现大规模量产的插电式混合动力汽车比亚迪F3DM上市。

诞生于1995年的我国首台纯电动大型客车"远望号",由北京理工大学孙逢春院士领导的团队研制

比亚迪在 2004 年广州国际车展上展出的 ET 纯电动概念 MPV

## 多重因素推动电动汽车发展

2015 年前后，以蔚来、小鹏、理想为代表的、没有传统燃油汽车制造背景的新能源汽车企业纷纷入市，他们普遍从特斯拉的发展中汲取经验，立足理念、技术和产品创新，向传统汽车企业发起挑战，其中一些企业凭借更优的产品和市场策略迅速积累了大量受众。随后，面对造车新势力的冲击，国内传统汽车企业也开始加速推进新能源汽车技术和产品研发。

与此同时，国家和地方政府持续推进充电基础设施建设、优化新能源汽车购车和使用优惠政策，有力地促进了新能源汽车消费市场的发展，使电动汽车的市场渗透率和大众汽车消费者对电动汽车的接受度不断提升。

在激烈的市场竞争中，新理念、新技术、新方法不断萌发，人才培养和储备体系也越发完善，共同推动着新能源汽车产业的发展逐步走上正轨。

## 走向未来的中国新能源汽车

进入 21 世纪第二个十年，很少有人再质疑新能源汽车将取代传统燃油汽车成为市场主导。全球范围内，汽车向电动化转型已经成为各国政府和产业界的共识。哪怕是历来保守的一众日本汽车企业，也开始转变策略，加速推动电动化进程。

那么，中国汽车企业未来将扮演什么角色呢？

一个毋庸置疑的事实是，中国车企已经成为全球新能源汽车产业发展的先导力量。看国内市场，中国车企凭借电动汽车技术和产品创新，让原本强势的外国车企丧失了议价权，甚至让部分外国车企放低姿态，主动谋求合作研发；看海外市场，中国车企凭借在新能源汽车领域的先发优势不断开疆拓土，成功积累了受众、打出了品牌，在一些国家和地区甚至实现了销量领先。

中国新能源汽车，正大步迈向崭新的未来……

2024年1月10日及15日,比亚迪"EXPLORER NO.1"汽车运输滚装船分别在山东烟台港和深汕小漠国际物流港举行了交船、首航仪式,标志着比亚迪汽车拓展海外市场进入新阶段

2023年11月30日,哪吒汽车泰国曼谷工厂组装的首台V-Ⅱ轿车下线

# 43

2017 年 12 月，蔚来正式发布首款量产车 ES8，在新能源时代给出了不同于传统车企的新答案。

## 蔚来 ES8
### 2017

## 时代背景

**7月9日**
宝兰高铁正式通车运营,我国高铁实现"横贯东西"。

**9月1日**
工业和信息化部全面取消国内手机长途和漫游通话费。

### 蔚来 ES8 是一款怎样的车?

ES8 是一款七座纯电动中大型 SUV,目前是蔚来 SUV 产品序列中的旗舰车型,在尺寸定位上对标奔驰 GLE 和宝马 X5。

### "蔚来"这个名字有什么含义?

蔚来代表未来,也代表清洁能源驱动的蔚蓝明天。蔚来的英文名 NIO 取意"A New Day"(新的一天)。蔚来车标的上半部分象征开放、未来的天空,下半部分象征行动、前进的道路。

### 谁设计了蔚来 ES8?

ES8 的设计师是克里斯·托马森,他曾主导设计了经典的宝马 i 系列车型。第一代 ES8 获得了 2018 年度的德国红点"最佳设计奖"。

### 蔚来 ES8 创造了什么世界纪录?

ES8 的 0312 号车主 Lance 驾驶着自己的爱车登上了位于西藏羌塘无人区的普若岗日冰川,实测海拔达到 5715.28 米,创造了一项吉尼斯世界纪录——电动汽车行驶的最高海拔。

## 怎样让人们记住一个新品牌?

### 拿冠军,再造一台超跑

世界电动方程式锦标赛(FE)是国际汽车运动联合会(FIA)主办的最高级别电动方程式比赛,参赛车队大多有国际厂商背景,比如奥迪和捷豹,而车手也大多有参加世界一级方程式锦标赛(F1)的经历。

2014 年创立品牌后,蔚来就果断接手了 FE 的初创车队之一——China Racing,并将前 F1 车手小尼尔森·皮奎特收入麾下,后者为车队拿下了 FE 首个赛季的年度车手总冠军。通过参加 FE 赛事,蔚来充分验证了电机和电控系统等关键技术,还培养出一批本土赛车工程师,其中的佼佼者是现任西班牙 QEV Tech 公司系统工程师的刘迪。

蔚来参加 FE 的另一个收获,是纯电动超级跑车 EP9。它是蔚来的第一款汽车产品,2016 年 11 月发布,次年便以 6 分 45 秒 900 的成绩刷新了德国纽博格林北环赛道的量产车圈速纪录。凭借四台综合输出功率 1360 马力的电机,EP9 的最高行驶速度达到 313 公里/时,0—200 公里/时加速时间仅 7.1 秒。此外,得益于优异的空气动力学设计,它的车身最大下压力达到 24019 牛,是同期 F1 赛车的 2 倍。

## 蔚来有哪些创新标签?

### 女王副驾与 NOMI

蔚来 001 号员工李天舒在某城市的过街天桥上做用车人行为调查时,发现有不少坐在副驾驶座上的乘客,都会把脚搭在仪表台上,这显然既不安全也不舒适。随后,蔚来的产品团队在街头调研了 3000 多台车,发现副驾驶座的使用频率远高于后排座。于是,蔚来研发团队从"全球最舒适的椅子"——伊姆斯躺椅中汲取灵感,设计了叫作"女王副驾"的副驾驶座,它拥有 170 度靠背仰角,具备"一键零重力"等创新功能,让副驾驶座上的乘客能同时享有安全与舒适。

蔚来的产品团队认为,在如今这个强调语音交互的时代,不该让人们对着空气或毫无生机的屏幕说话,人们需要有温度的陪伴,于是,他们推出了语音助手 NOMI。在 2019 年的蔚来 NIO DAY 上,我们看到这样一个故事:蔚来车主潘瑶领养的宠物猫"小金金"回到了"喵星",陷入悲痛中的她在某一天将 NOMI 设定成"小金金"的名字,开始动情倾诉,在 NOMI 的"声音陪伴"中,她逐渐得到了治愈。蔚来赋予 NOMI 生命和情感的意义,使语音交互不再空洞和冰冷。

### 蔚来 EP9

蔚来第一批造了 7 台 EP9,其中 6 台送给了各行各业的"大佬",除公司创始人李斌外,还有理想汽车创始人李想、京东创始人刘强东、小米科技创始人雷军、腾讯创始人马化腾和高瓴资本创始人张磊。不过,即使你拥有 EP9,也不能把它开上街,只能在赛道上体验它的性能,因为它没有在国内取得上路许可。

### 蔚来的产品序列

蔚来目前的产品名都以字母"E"开头，代表纯电动。轿车产品归属ET系列，SUV产品归属ES系列，轿跑SUV产品归属EC系列。由ET5衍生而来的ET5T是旅行车，尾缀"T"代表Touring。

## 蔚来有什么技术特质？
### 执着于换电

在手机电池大多可更换的年代，人们并不关心电池的充电速度，因为随手换上一块满电电池比充电更便捷。当下，很多电动汽车的满电续驶里程其实已经超过了一般燃油汽车的满油续驶里程，但车主们还是会有"里程焦虑"，因为电动汽车的充电时间远大于燃油汽车的加油时间，补能效率很低。蔚来的技术理念，就是用便捷的"换电"来提高电动汽车的补能效率，让车主们不再有"里程焦虑"。

实际上，很多车企都曾尝试"换电"路线，比如特斯拉和北汽，但他们都没能在商业模式上实现突破。蔚来是第一家成功向普通消费者提供换电服务的车企。截至2023年，蔚来在全国已经建成1400多座换电站，其中第三代换电站的换电耗时仅有4分40秒。更令人期待的是，蔚来已经与长安汽车和吉利汽车就换电业务达成合作，三方将统一换电标准、共享换电设施，惠及更多电动汽车用户。

## 蔚来有什么创新服务？
### 超越汽车的NIO品牌

传统汽车品牌与用户之间大多是商务关系，而蔚来希望与用户构建真正的朋友关系。在蔚来的品牌文化中，用户是无可替代的基石，他们在品牌建设和运营环节都引入了用户互动元素，力求让用户获得自我认同的价值。

**蔚来中心（NIO House）**：作为蔚来汽车的线下体验店，提供车辆展示、办公、阅读、休闲、成长、聚会、城市文化服务等多种功能，是品牌价值向线下服务的延伸，致力于为用户提供富有温度的"第二个家"或"第三空间"。蔚来用户都亲切地叫它"牛屋"。

**NIO Life**：蔚来汽车衍生的原创设计生活方式品牌，联合全球600余名设计师，将好设计、好产品带进每个人的日常生活。

**NIO Phone**：蔚来专为车主打造的一款手机，采用NIO OS操作系统，能与蔚来汽车和智能家居产品无缝连接，实现远程监控等功能。

# 44

2021年，中国新能源汽车市场上卖得最好的车型是五菱宏光 MINI EV，这款游走在街头巷尾的小车代表了新能源汽车茁壮成长的另一种可能。

## 五菱宏光 MINI EV
## 2020

# 时代背景

**10月1日**
程腾、李炜联合执导的奇幻动画电影《姜子牙》上映。

**12月17日**
"嫦娥五号"返回器携带月球样品成功着陆。

### 五菱宏光 MINI EV 是一款怎样的车?

宏光 MINI EV 是一款纯电动微型车,五菱对它的定位是"人民的代步车",主要用来满足人们的短途出行需求。

### 五菱的车标有什么渊源?

五菱的车标与三菱汽车有难解之缘,因为后者是他们最初的合作伙伴。"五菱"是在"三菱"的基础上加了两个"菱",形似"鲲鹏展翅""雄鹰翱翔",有上升、腾举之势,象征五菱的事业不断发展。

### 五菱宏光 MINI EV 卖得有多火?

截至 2023 年,宏光 MINI EV 的全球累计销量已经突破 110 万台,曾 28 个月蝉联中国品牌纯电动汽车销量冠军,单月最高销量达到 5.06 万台。

### 五菱宏光 MINI EV 还有限量版?

2022 年上市的宏光 MINI EV 敞篷版由于产能有限,采用了抽签的形式发售,但人们的购买热情丝毫不减。

## 五菱宏光 MINI EV
为什么超便宜？
### 答案藏在车身里

五菱晴空 Air EV

日本名古屋大学的山本真义教授，曾将一台宏光 MINI EV 带到日本进行拆解研究，他发现这款小车省去了很多当下纯电动汽车的"标配"，比如制动能量回收系统和动力电池液冷系统。乍看之下这似乎不太厚道，但想想它的职责，无非是载着你在居住地周围购物、接送家人，出行半径通常不超过 10 公里，这些配置还有意义吗？

除了在配置上极尽精简，宏光 MINI EV 还大量采用了供应商的成熟部件，而不是专门开发的新部件，甚至在不太重要的系统中采用了非车规部件，由此节省了大量研发成本。研发成本降低了，售价自然就降下来了。当然，这并不是说五菱在研发上"偷了懒"，对于那些容易损坏的低成本部件，他们都采用了巧妙的模块化设计，方便维修和更换。总之，五菱很善于在有限的成本内打造适用、好用的产品，正是这种特质，助力他们造出了以宏光为代表的一代代"致富神车"。

## 五菱怎样走向世界？
### 开进 G20 峰会

你可能不知道，"为人民造车"的五菱其实是由上汽、美国通用汽车、广西汽车（原柳州五菱汽车）三家公司携手组建的合资企业。宏光 MINI EV 火出圈后，五菱借助通用汽车的渠道迅速走向全球。来自拉脱维亚的汽车制造商 Dartz 就引进了宏光 MINI EV 的生产线，以当地品牌 Freze 的名义销售，售价 9999 欧元，大约折合人民币 7.8 万元，比中国的售价贵了一倍！

五菱纯电动小车的高光时刻，无疑是在 2022 年成为二十国集团（G20）领导人印尼峰会的官方用车：300 台五菱晴空 Air EV 成功向世界展示了"中国智造"和中国新能源汽车的非凡魅力。这批 Air EV 由位于印尼西爪哇的 Cikarang 工厂组装，是五菱专为海外市场开发的第一款新能源车型。

### 小车也时髦

在国内微型电动汽车市场竞争越发激烈的背景下，五菱另辟蹊径，为这些"都市精灵"开发出了时尚与玩乐属性。比如备受关注的宏光 MINI EV 敞篷版与宝骏悦也，都堪称"小车破圈"的经典之作，前者是国内首款纯电敞篷车，而后者创造了"微型纯电SUV"这一全新的细分市场。

## 电动小车专家还有哪些得意之作?

### 宝骏 Kiwi
**天外来客**

Kiwi 是五菱"微型车宇宙"中的元老车型,曾经的名字是宝骏 E300,独特的造型设计让它看起来像一艘宇宙飞船。

### 五菱 Nano EV
**还能再小点**

Nano EV 是五菱的第一款双门双座新能源车,Nano 这个名字是纳米的意思,它的全长还不到 2.5 米!

### 五菱 E10
**快递小助手**

E10 是五菱专为快递员开发的纯电动物流车,车宽仅 1.08 米,只装了一个座位,这让它能在街头巷尾自由奔走。

## 国外有哪些经典电动小车?

其实不少国家都将小微型车视为汽车"电动化"的突破口,而一些车企早在 21 世纪初就开始研究满足个人城市代步需求的小微型电动车。

### Th!nk City
**挪威 | 1999 年**

Th!nk City 是面向分时租赁市场开发的微型电动车,最高行驶速度 90 公里/时,续驶里程约 85 公里。它曾在挪威大范围推广,但没能挺过 2008 年的全球金融危机。

### 雷诺 Twizy
**法国 | 2011 年**

Twizy 全长只有 2.3 米,大部分车身覆盖件都是塑料材质的。有趣的是,它在很多国家并不算"汽车",不需要驾照就能驾驶,甚至未成年人都能驾驶。

# 45

2022 年第四季度,理想汽车宣布首次实现盈利,这是中国新势力车企的里程碑事件。理想成功的背后,是以 L9 为起点的第二代车型的全面热销。

## 理想 L9
## 2022

# 时代背景

**7月24日**
"问天"实验舱在海南文昌航天发射场发射升空。

**10月31日**
"梦天"实验舱在海南文昌航天发射场发射升空。

### 理想 L9 是一款怎样的车?

L9 定位于大型 SUV,车长超过 5.2 米,几乎相当于两台五菱宏光 MINI EV 的长度,是理想目前的旗舰 SUV。

### 理想的车标有什么含义?

理想的车标是艺术化的字母"L"与"i",既代表"理"字的汉语拼音,也代表动力电池的关键化学元素"锂"。

### 谁设计了理想 L 系列车型?

曾主导保时捷第八代 911 车型(992)外饰设计的本杰明·鲍姆,在 2020 年加入理想,创造了应用在 L 系列车型上的全新设计语言。

### 理想 L 系列的发动机有什么渊源?

理想 L 系列车型搭载了新晨动力公司生产的 1.5 升涡轮增压四缸汽油机。这型发动机的技术原型,其实是宝马与标致雪铁龙合作研发的王子系列发动机,它曾广泛搭载在 MINI Cooper、宝马 1 系、雪铁龙 C4 和标致 308 等车型上。

## 理想做对了什么?
### 从 SEV 到"移动的家"

理想 ONE：理想的首款量产车型，开创"移动的家"理念

2015 年 7 月，李想创办了车和家公司。他们的首款产品名为 SEV，是一款满足 1~2 人城市短途出行需求的微型车，最高行驶速度仅有 45 公里/时。由于低速电动车并不在国家政策支持范围内，李想最终取消了 SEV 的量产计划，转而全力推进中大型 SUV 的研发项目，成果就是 2018 年面世的理想 ONE。

传统汽车产品大多基于等级定义，而理想创造性地用场景来定义汽车产品。理想 ONE 聚焦于家庭出行场景，围绕"移动的家"这个全新理念打造，弱化了汽车的等级概念。凭借直击受众痛点的出色设计与功能性，理想 ONE 上市仅 6 个月就交付了 1 万台，创造了中外造车新势力车型交付破万台的最快纪录；上市一年后又成为首个累计销量突破 20 万台的造车新势力车型。延续"移动的家"理念推出的 L 系列车型，大幅提升了智能化水平和功能体验，以不同的车身尺寸和座椅布局，覆盖了不同家庭用户在不同出行场景下的需求，助力理想进一步巩固了在新能源汽车市场的优势地位。

## 理想还有什么"杀手锏"?
### 面向未来的纯电 MPV

曾经缔造了"泡泡网"和"汽车之家"两个互联网商业奇迹的李想，当然不会止步于 ONE 和 L 系列的成功，他很清楚，理想汽车要想在未来立于不败之地，就必须扩展产品线和技术路径。其实，早在 L 系列处于研发阶段时，理想就曾尝试与滴滴汽车合作研发 MPV，但由于种种原因半途而废。2024 年，理想的首款纯电产品——MEGA 终于揭开了神秘面纱，作为一款尺寸巨大的 MPV，MEGA 以惊世骇俗的设计风格和产品理念迅速引爆了舆论。

按照理想的"双能战略"规划，他们将在"智能"和"电能"两个方向持续发力，包括开发智能驾驶、智能空间和高压纯电技术平台，以及推进超级充电站建设。

### "公路高铁"理想 MEGA

MEGA 的造型看起来很"怪异"，因为它针对空气动力学性能进行了大幅优化。如今大多数两厢或三厢轿车的风阻系数都在 0.25 左右，SUV 和 MPV 的风阻系数则普遍达到 0.3 左右，而 MEGA 的风阻系数仅为 0.215。要知道，风阻系数越低，就越有利于降低高速行驶时的能耗。

## 增程电动系统到底好不好?

在如今这个强调节能减排但动力电池性能又不太理想的时代,"可油可电,还很省油"的增程电动系统是一种兼顾实用性与经济性的"电动化"解决方案。它作为油电混动系统的一种形式,独到之处在于发动机不直接驱动车轮,只负责驱动发电机发电,这使发动机总能工作在高效率状态,不受车辆负荷和驾驶者驾驶习惯的影响,因此具有比较明显的节能减排效果,尤其是在城市路况下。

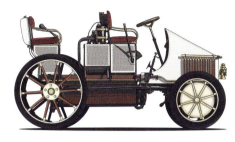

## 还有哪些知名的增程式电动汽车?

1900年亮相的洛纳–保时捷(Lohner-Porsche)系列车型是增程式电动汽车的鼻祖,它们的设计者是大名鼎鼎的费迪南德·保时捷。2007年问世的雪佛兰沃蓝达(Volt),是第一款实现大规模量产并面向大众消费者的增程式电动汽车。

理想 ONE 大获成功后,国内有不少厂商也开始尝试增程技术路线,代表性车型是问界 M5/M7、岚图梦想家等。与此同时,也有很多厂商热衷于推出兼容增程系统和纯电系统的车型,代表性车型是深蓝 SL03、哪吒 S 和零跑 C11 等。

# 46

2023 年，哪吒，一个并不引人注目的造车新势力品牌，凭借一款"平民跑车"火出了圈，一如二十二年前推出美人豹的吉利。但今天的哪吒显然比彼时的吉利更加自信。

## 哪吒 GT
## 2023

# 时代背景

**1月22日**

张艺谋执导的电影《满江红》上映。

**7月28日**

第31届世界大学生夏季运动会在成都开幕。

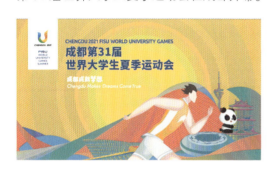

### 哪吒 GT 是一款怎样的车？

哪吒 GT 是一款双门四座纯电跑车。"GT"是英文"Grand Tourer"的缩写，最初指用于长途出行的豪华马车，如今，严格意义上的 GT 指偏重豪华感和舒适性的双门四座（2+2 布局）车型。

### "哪吒"这个名字有什么含义？

在中国传统文化里，哪吒是勇敢、自信、无畏精神的化身，他的形象和故事深入人心。以哪吒为名，既有利于记忆和传播，也能彰显品牌内涵。哪吒汽车的车标由神经元、树、翼和泉四个自然元素构成，分别代表了人工智能、勃发成长、动感飞翔和灵感迸发。

### 哪吒 GT 的设计初衷是什么？

在哪吒汽车副总裁兼设计中心总经理常冰看来，要通过科技平权的手段，去改变人们"跑车离我的生活很遥远"的传统认知，让哪吒 GT 成为"人人都可以拥有的双门四座跑车"。常冰曾在一汽工作了十四年，担任红旗品牌首席设计师，领导团队设计了红旗 L9 等经典车型。

## 哪吒凭什么成为销量黑马?
### 科技平权

出海先锋哪吒 V

2022 年的造车新势力销量冠军是谁?答案可能很让你意外,是哪吒。相比聚光灯下的"蔚小理",哪吒这个品牌似乎从没在舆论中掀起波澜。哪吒汽车 2022 年的累计销量达到 15.2 万台,是首个年销量突破 15 万台的造车新势力。作为合众新能源汽车公司旗下品牌,诞生于 2014 年的哪吒其实是国内最早的造车新势力之一。

在合资品牌放不下身段,而多数自主品牌又一心向上的时候,哪吒秉持着"为人民造车"的理念,以"在全球范围内,通过科技平权,让高品质智能电动汽车触手可及"为目标,默默无闻地深耕着"平民电动车"市场,这就是他们的成功密码。哪吒 V、哪吒 U 等一系列"平民电动 SUV"的热销,让他们在市场上站稳了脚,而基于全新山海平台打造的纯电中大型轿车哪吒 S 和"平民跑车"哪吒 GT,让他们能走得更高、更远。

## 哪吒的最大功臣是谁?
### 闷声发大财的哪吒 V

一度是国内 8 万元价位唯一一款纯电小型 SUV 的哪吒 V,无疑是"科技平权"的最佳体现。它虽然没有炫酷的设计和出挑的用料,但拥有能让每个人轻松上手的智能化配置,而且能让一家老小带着行李坐得舒舒服服。这样的车,老百姓买得起、用得爽。

2023 年 3 月 22 日,3600 台哪吒 V 从广州南沙港出海发运,驶向东南亚,创下了中国造车新势力的单批次出口量纪录。实际上,哪吒 V 一年前就已经登陆泰国市场,并且连续两个月成为销量第二的纯电车型。目前,哪吒的智慧生态工厂已经在泰国曼谷堪那耀区拔地而起,年产能将达到 2 万台。2023 年对哪吒 V 而言也是蜕变的一年,它不仅进行了中期改款,还更名为哪吒 AYA,这个名字由 Active(活力)、Young(年轻)和 Amazing(惊喜)三个词的首字母组成,对应了追求个性生活的年轻群体。

### 哪吒 S

哪吒 S 是诞生于山海平台的首款产品。山海平台是哪吒推出的国内首个集高安全、高拓展性、高智能及环境友好于一体的全栈自研开放汽车平台。

# 国内还有哪些有趣的新能源跑车？

### 前途 K50 纯电超跑

综合输出功率 435 马力
0—100 公里/时加速时间 4.6 秒
最高车速 200 公里/时

- 由中国老牌设计公司长城华冠设计。
- 2016 年正式上市，起售价超过 75 万元。
- 前途汽车曾建成国内第一个碳纤维部件生产车间。

### 红旗 S9 混合动力超跑

综合输出功率 1400 马力
0—100 公里/时加速时间 1.9 秒
最高车速 400 公里/时

- 采用"V8 发动机 + 三电机"组成的混合动力系统，有纯电模式。
- 首批限量 99 台，售价超过 1000 万元。
- 总设计师是大众前设计总监沃尔特·德·席尔瓦。

### 极狐 Arcfox GT 混合动力超跑

综合输出功率 1200 马力
0—100 公里/时加速时间 2.59 秒
最高车速 255 公里/时

- 诞生于北汽西班牙高性能车型设计和研发中心。
- 设计师和红旗 S9 一样是沃尔特·德·席尔瓦。
- 造型灵感源于北极狐。

### MG（名爵）Cyberster 纯电跑车

综合输出功率 544 马力
0—100 公里/时加速时间 3.2 秒
最高车速 200 公里/时

- 采用软顶敞篷设计。
- 名爵曾是英国最畅销的运动汽车品牌。
- 在海外拥有超高人气。

# 47

仰望，在点燃国人热情的同时，也将引领中国自主汽车品牌走向新的高度。

## 仰望 U8
## 2023

# 时代背景

**1月22日**

郭帆执导的科幻电影《流浪地球2》上映。

**6月2日**

《区域全面经济伙伴关系协定》（RCEP）对菲律宾正式生效，标志着 RCEP 对东盟 10 国和澳大利亚、中国、日本、韩国、新西兰等 15 个签署国全面生效。

### 仰望 U8 是一款怎样的车？

仰望 U8 定位于新能源硬派越野 SUV，尽管车长超过 5.3 米、整备质量超过 3.4 吨，但综合输出功率 1197 马力的动力系统，让它能在 3.6 秒内完成零百加速。

### "仰望"这个名字有什么含义？

仰望不仅是一种姿态，更代表勇敢无畏的探索精神。仰望品牌标识的设计灵感源自甲骨文中的"电"字。"电"表明了品牌的新能源技术和产品路线；闪电线条干练，寓意产品的极致性能；触角向四方延伸，代表品牌对未知的无畏探索。

## 比亚迪怎样厚积薄发？

### 腾势的故事

早在 2012 年 3 月，比亚迪就与戴姆勒公司共同创建了国内首个专注于新能源汽车的高端品牌腾势（DENZA）。在戴姆勒主导期间，腾势推出了腾势 300 和腾势 X 等车型，它们都由戴姆勒设计、比亚迪开发，通过奔驰品牌的经销网络销售。尽管腾势在这个阶段销量并不理想，但通过与戴姆勒的深度合作，比亚迪在生产管理和制造工艺方面都取得了长足进步。

2021 年 12 月，腾势迎来巨变：比亚迪和戴姆勒的持股比例分别调整为 90% 和 10%，品牌主导权收归比亚迪。次年，焕然一新的腾势推出了豪华新能源 MPV D9，它融合了比亚迪 DM-i 超级混动和 e 平台 3.0 架构等多项核心技术，截至 2023 年年底的累计销量突破 12 万台，连续 10 个月稳居国内 30 万元以上豪华 MPV 市场销量冠军。未来，腾势将与仰望一道，成为比亚迪立足高端市场的中坚。

比亚迪首款高端新能源车型腾势 300

## 仰望的核心技术是什么？

### 易四方，纵行四方

仰望 U8 采用的"易四方"平台，是比亚迪自主研发的一套以四电机独立驱动为核心的驱动平台，它的四台大功率轮边电机最高转速达到 20500 转 / 分，能独立控制转矩，实现很多"不可思议"的运动方式，比如爆胎控制、原地掉头和应急浮水。凭借众多高精度传感器的融合感知和强大的算力平台，"易四方"足以在全球主流驱动平台中傲视群雄。

"易四方"诞生的背后，是比亚迪对"技术为王，创新为本"发展理念的坚守。2022 年，比亚迪的研发投入超过 202 亿元，研发人员规模达到 69697 人，全球累计申请专利超过 3.9 万项。在 2023 年的《财富》世界 500 强榜单中，比亚迪位列第 212 位，相比前一年上升了 224 名，是进步最大的中国企业。

### 腾势 D9 与 N7

D9 与 N7 是腾势品牌由比亚迪主导后推出的两款重磅车型，前者是 MPV，后者是 SUV，它们的销售成绩都远超前辈腾势 300。

### 仰望 U9

仰望 U8 和 U9 采用了"时空之门"家族式设计语言，仔细看看这两款车的前脸造型，是不是还藏着"中国元素"？

## 仰望的下一步在哪里？
### 仰望 U9，中国超跑新希望

2023 年上海国际车展前，比亚迪发布了全栈自研的"云辇"系统，它是国内首个新能源专属智能车身控制系统，彻底改写了国内企业车身控制技术长期依赖国外的历史。"云辇"产品矩阵由云辇 –C、云辇 –A、云辇 –P 和云辇 –X 组成，未来将广泛应用于比亚迪、腾势、方程豹和仰望品牌旗下车型。

仰望 U9 作为首款搭载云辇 –X 系统的车型，具备全主动车身控制技术，不仅能自由调节悬架高度、刚度和阻尼，还能实现"0"侧倾与"0"俯仰、三轮行驶、车辆跳舞以及原地起跳等高阶功能，代表了全球领先水平。动力方面，仰望 U9 采用了与 U8 相同的四轮四电机布局，单电机最大输出功率 220~240 千瓦，最大输出转矩 320~420 牛·米，能在 2 秒内完成零百加速。

| 仰望 U8 售价 109.8 万元，同价位你还能买谁？ | | | |
|---|---|---|---|
| 宝马 | 宝马 740Li | 德国 | 宝马如今的旗舰轿车，可以买次顶配 |
| 林肯 | 林肯领航员 | 美国 | 全尺寸豪华 SUV，可以买中配 |
| 玛莎拉蒂 | 玛莎拉蒂 Grecale | 意大利 | 玛莎拉蒂的中型豪华 SUV，可以买顶配 |

## 靠什么让世界仰望？
### 实力开启新篇章

看完比亚迪的故事，你可能会想，中国汽车将靠什么让世界仰望？答案也许就来自早已成为汽车强国的日本。日本汽车同样走过了在模仿中积累、在自主中创新的道路，用"性价比"征服市场后，以丰田、本田、日产为代表的头部企业，开始用新思维与新技术驱动品牌向上。雷克萨斯、讴歌、英菲尼迪等高端品牌的孕育与崛起，在铸就一代代经典车型的同时，也让品牌与地域文化深入人心。如今，中国汽车就正在书写一段相似的故事。

对中国汽车而言，2023 年也许是一个里程碑，因为自主汽车品牌在国内市场的占有率首次超过了 50%，因为中国汽车出口量首次超过日本跃居世界第一位……你如果关注了这一年的法兰克福、巴黎或北美国际车展，就会发现一个惊人的变化：很多中国汽车品牌不再是角落里的"观望者"，他们的每一场发布会都能引发媒体热议，他们的展车旁总是摩肩接踵。

只要坚定道路，终有一日，中国汽车必将让世界仰望。

汽车里的中国故事

尾声
Epilogn

如果你愿意，去为自己的爱车拍一张照片吧，就把照片贴在这里。

因为我们希望每一本《汽车里的中国故事》都能珍藏一份独一无二的记忆，成为中国汽车文化中一个不可替代的、鲜活的元素。

亲爱的读者朋友，我们希望接下来的故事由你来讲述，因为我们相信，无论你现在是否拥有汽车，你都必定或多或少地与汽车有所羁绊。

那台与你羁绊最深的汽车，可能不曾在世俗的记忆中扮演多么重要的角色，但它可能见证了你父辈的奋斗历程，可能见证了你人生中的幸福时刻；可能是你儿时梦想拥有的汽车，可能是你成年后拥有的第一台汽车；可能曾伴你穿越风雨险境，可能曾助你消解艰辛愁苦……

正是我们每一个中国人与汽车的故事，汇聚成了汽车里的中国故事。

请相信，你的汽车故事，就是中国汽车文化的一粒种子，我们希望这本书能成为文化的土壤，让每个人的汽车故事都在这里生根发芽、纵情生长。待到林深叶茂、郁郁葱葱时，回首望去，你会为自己、为中国汽车而感动和骄傲。

# 我的汽车故事